Sonja Ariel von Staden

Sternentore

Praxisbuch

Ganzheitliche Entwicklung
für Körper, Geist und Seele

Schirner
Verlag

ISBN 978-3-8434-1017-5

Sonja Ariel von Staden:
Sternentore Praxisbuch
Ganzheitliche Entwicklung
für Körper, Geist und Seele
Copyright © 2011
Schirner Verlag, Darmstadt

Umschlag: Murat Karaçay, Schirner
Redaktion: Claudia Simon, Schirner
Satz: Michael Zuch, Frankfurt a. M.
Printed by: FINIDR, Czech Republic

www.schirner.com

1. Auflage 2011

Inhalt

Vorwort

Sonja Ariel von Staden

Liebe Leserin, lieber Leser,

mein größter Wunsch ist es, mit meinen schöpferischen Impulsen neue Energie in dein Leben zu bringen. Dies ist meine Mission und mein größtes Glück zugleich. Energie fließt durch jeden Menschen, zu jeder Zeit. Wir sind auf dem besten Wege, in ein glückliches, erfülltes Zeitalter hinüberzugleiten, in dem die Seelen dieser Erde sich endlich zu ihrem eigenen Besten voll entfalten. Dazu beizutragen ist meine tägliche Aufgabe.

Dieses Praxisbuch ergänzt das Buch und das Kartenset »Sternentore – Botschaften aus der Lichtquelle«. Ich möchte dir mit ihm neue Ideen an die Hand geben und ans Herz legen, Ideen, mit denen du dein Leben noch klarer ausrichten und deine innere Entwicklung voranbringen kannst. Die Kraft der Sternentore ist umfassend. Sie wirkt ganzheitlich auf Körper, Geist, Seele und Gefühle.

Dein Schöpfer-Sein wird angeregt, wenn du erkennst, was alles möglich ist. Lass dich auf die Impulse aus der Quelle allen Seins ein.

In diesem Buch möchte ich für dich die Kraft der Sternentore auch auf den Körper ausdehnen. Die Energie der Sternetore kann auf vielen verschiedenen Wegen auch auf der physischen Ebene wirken. Schenke deinem Körper die Aufmerksamkeit, die er verdient.

Dein Geist und dein Verstand werden angeregt, indem du neue Übungen zu den verschiedenen Hauptaspekten des Lebens machst, die dir auf dem Weg in das Neue Zeitalter Zuversicht und Vertrauen schenken. Die Seele kann sich noch besser ausdehnen, denn es ist ihre Verbindung zur Lichtquelle, die durch die Sternentore immer wieder aktiviert wird.

Wenn du es zulässt, dringen die Botschaften tief in dein ganzes menschliches Sein ein und bringen dich voran auf deinem Weg in eine selbstbestimmte, freie Zukunft. Du kannst das Hier und Jetzt besser wahrnehmen, dich selbst stärker fühlen und dadurch Entscheidungen treffen, die dein Potenzial immer weiter entfalten.

Ich wünsche mir, dass du und möglichst viele andere Menschen auf diesem herrlichen Planeten endlich erkennt, wie großartig ihr seid und wie viel Glück ihr wirklich verdient habt. Dir stehen unendlich viele Möglichkeiten offen, jeden Tag das Leben zu leben, das du dir wirklich wünschst.

Genieße dieses Buch, die Stunden, die du mit dir selbst glücklich bist, und dein ganzes Leben!

Sonja Ariel von Staden im März 2011

Sternentore – so einfach und doch voller Wunder

Seit mein Buch »Sternentore« und das dazugehörige Kartenset erschienen sind, habe ich viele Vorträge über die Bilderbotschaften gehalten. Ich habe sie auf Messen und Kongressen aus- und vorgestellt. Immer wieder wurde ich gefragt: »Was sind Sternentore denn jetzt genau?«
Ich möchte dir mehrere Antworten geben, denn eine einzelne reicht nicht aus, sie zu beschreiben.

Eintauchen in die Energie deiner Schöpferquelle

Ein Tor ist ein Durchgang – oftmals zu einem Raum, einer neuen Ebene, einer neuen Welt oder einfach nur in einen neuen Zustand.
Ein Sternentor ist ein Durchgang für dein Mensch-Sein, durch den du wieder in Kontakt mit deiner ursprünglichen Quelle kommen kannst.
Stelle dir einfach vor, du würdest im Geiste mit einem Lachen durch das Tor mitten hinein in eine Quelle von Liebe, Information und Weisheit springen.
Du kannst auch eintauchen, als würdest du in ein rundes Schwimmbecken springen, das mit reiner, flüssiger Energie gefüllt ist. Sie nimmt dich auf, füllt dich auf und informiert jede einzelne Zelle mit ihrer Botschaft.
Ein Sternentor ist wie eine Nabelschnur, durch die permanent die Weisheit der Schöpfung in dich und die Welt strömt. Die Bilderbotschaften sind tatsächlich Botschafter, die dich immer wieder daran erinnern, dass du einzigartig bist und immer geliebt wirst. Die Quelle aller Weisheit ist in dir. Durch die Sternentore

bekommst du Antworten, die im Grunde schon lange in dir schlummern, denn du hast sie mit auf diese Erde gebracht.

Doch die Menschen haben nicht gelernt, diese innere Quelle zu erhalten und zu nutzen. Ich wünsche mir für die Zukunft, dass die neugeborenen Kinder ihre innere Weisheit nicht mehr vergessen. Die Neue Zeit mit ihrer neuen Dimension »Bewusstsein« wird es Menschen ermöglichen, sich permanent an das morphogenetische Feld, in dem alle Informationen stets verfügbar sind, anzuschließen. Die Sternentore führen dich gern auf den Weg dorthin.

Bilder, die das Herz berühren

Im Herzen beginnt alles. Über dein Herz nimmst du zu allererst deine Umgebung und dein Leben wahr. Die Sternentor-Bilder wirken mit ihren intensiven Farben und ihrer Leuchtkraft scheinbar zuerst nur visuell. Doch bevor deine Augen das Bild sehen, nimmt dein Herz schon dessen Schwingung wahr. Besonders rund um ein Originalbild, das die reine, ursprüngliche Information enthält, vibriert die Luft vor Energie. Viele Menschen fühlen sich wie von einem Magneten angezogen – ohne im ersten Moment erklären zu können, warum.

Besonders auf Messen ist mir dies aufgefallen: Hunderte von Menschen strömen in dichtem Getümmel an Dutzenden von Messeständen vorbei. Viele Informationen – vor allem visuelle – prasseln auf sie ein.

Besonders feinfühlige Menschen blicken plötzlich suchend umher, wenn sie in die Nähe eines Sternentores kommen, als hätte ihnen jemand auf die Schulter getippt. Fällt ihr Blick dann auf das Bild, gehen sie zielstrebig darauf zu. Ich kann sehen und fühlen, wie sie mit der Energie in Kontakt treten. Ihr Herz-Chakra saugt die Kraft förmlich auf. Sie lächeln, strahlen regelrecht und fragen, was dies für ein Bild sei.

Spiegel für deinen aktuellen Gefühlszustand

Spannend ist es, wenn ich mehrere Sternentore präsentiere. Nicht jeder Mensch fühlt sich von allen Bildern gleichermaßen angezogen. Es ist sehr interessant für mich, den Besucher oder die Besucherin nach den Gefühlen zu dem jeweiligen Bild zu fragen. Der gesamte Zustand des Menschen wird zu einem offenen Buch. Ein Sternentor schwingt immer direkt in die Gefühlsebene hinein, spiegelt den aktuellen Zustand und öffnet damit quasi eine Tür zum eigenen Befinden.

Daher ist es auch so leicht, auf therapeutischer Ebene mit den Sternentoren zu wirken. Ein Mensch kann sich, selbst ohne die Botschaft des Bildes zu kennen, darin wiedererkennen und sich selbst erforschen. Mit Unterstützung eines ganzheitlichen Therapeuten wird dies natürlich noch leichter. Viele Heilpraktiker, Gesprächstherapeuten und Masseure arbeiten bereits mit den Energien der Sternentore.

Der Verstand darf mitspielen

Ohne Verstand, ohne unser Gehirn wären wir keine selbstreflektierenden Wesen. Den Verstand auf Dauer abzuschalten, ist genauso unsinnig wie ein Beiseiteschieben (oder sogar Abtöten) des Egos. Als Mensch brauchen wir beide, um das Spiel des Lebens spielen zu können. Der Trick ist, sich weder vom Verstand noch vom Ego verrückt machen zu lassen.

Wenn du in der Lage bist, Harmonie zwischen deinen menschlichen Kräften – Geist, Verstand, Körper, Herz, Intuition, Verstand und Ego – zu erschaffen, bist du im tiefen Frieden mit dir selbst und damit quasi erleuchtet.

Deshalb kommen die Sternentore auch unter anderem mit einer Wort-Botschaft für den Verstand auf die Erde. Erst, wenn du auf allen Ebenen (Herz, Bauch und

Gehirn) verstanden hast, warum du bist, wie du bist, kommen der Frieden und das Glück. Die Worte der Sternentore sind einfach, liebevoll und klar. So kann auch der Verstand, der allzu oft eine spirituelle, ganzheitliche Entwicklung aus Angst vor Veränderung sabotiert, mitspielen und Freude an der Entfaltung finden.

Die Kristall-Sternentore

Seit April 2008 ergänzt die große irdische Energie der Edelsteine und Kristalle die Botschaften der himmlischen Sternentore.

Die erste, höchst »explosive« Begegnung mit dieser Verbindung von Himmel und Erde hatte ich während eines persönlichen Besuches eines namhaften Edelstein-Importeurs. Ich durfte in dessen umfangreichem Fundus viele wunderschöne Schmuckstücke ausgiebig bewundern und mit einigen sogar Zwiesprache halten.

Ich liebe Kristalle schon sehr lange und sammle sie auf meinen vielen Reisen. Doch so viele kraftvolle Edelsteine auf einmal hatte ich bis dahin noch nicht fühlen dürfen.

Ganz zum Schluss des über dreistündigen Besuches holte der Importeur aus der hintersten Ecke seiner Vitrine mit den wertvollsten Stücken eine lose aufgefädelte Kette eher unscheinbarer Steinchen hervor. Sehr liebevoll und beinahe zärtlich legte er sie mir in die Hand. Er erklärte mir mit träumerischer Stimme, dass dies sehr kostbare gelbgrüne Rohdiamanten seien.

Neugierig schloss ich meine Hand um die Kristalle, versenkte mich mit geschlossenen Augen in ihre Energie – und wurde mitten hinaus ins Universum katapultiert. Wie damals, als ich das »Sternentor des Ursprungs« empfangen durfte, befand ich mich mitten zwischen Sonnen, Galaxien und Supernovä. Vor meinen inneren Augen explodierte plötzlich eine enorme Kraft und blendete mich mit ihrem Energieblitz. Mir war sofort klar, dass dies die Botschaft der Diamanten war. Ich sah und fühlte, wie mir der Schleier der Illusion von den Augen gerissen wurde. Ich konnte wahrnehmen, wie es hinter der Illusion aussah – eine gewaltige Botschaft, die mit dieser Vision einherging.

Seit dieser Zeit, als dieses außergewöhnliche Sternentor entstand, erscheinen immer wieder auch die Kristalle in den Bilderbotschaften. Sie symbolisieren die Verbindung zu Mutter Erde, ohne die wir als Menschen nicht existieren können. Ihre große, liebevolle Schwingung bündelt sich auf vielfältige Weise in den Edelsteinen und Metallen dieser Welt.

Für dieses Arbeitsbuch habe ich wieder einmal, zu meiner großen Freude, tiefen Kontakt zur Erde aufgenommen und mir für jedes Sternentor hilfreiche Freunde aus ihrem Herzen zeigen lassen. Es macht sehr viel Spaß, die feinen und doch sehr klaren Energien der Kristalle und Metalle zu fühlen und ihren wichtigen Botschaften zu lauschen. Es ist schön, dass sie uns auf unserem Weg unterstützen, unser ganzes Seelenpotenzial zu entfalten.

Die Sternentore im Zusammenspiel mit Naturessenzen

Während der Entwicklung der Sternentor-Serie kam mir 2008 meine Freundin Beatrix Kramer zu Hilfe. Als Heilpraktikerin und Aromatherapeutin hatte sie sofort den Ruf der Bilder dazu vernommen, ihre eigenen Fähigkeiten zur Förderung der Menschen einzubringen.

Beatrix Kramer:
Was mich dazu bewegt hat, die Sternentore in meine Arbeit einzubeziehen.

Ich habe Apothekenhelferin gelernt und war zehn Jahre lang in diesem Beruf tätig. Seit der Geburt meiner Kinder suchte ich verstärkt nach natürlichen Heilmethoden und probierte unter anderem auch Homöopathie und Bachblüten aus. Dann kam ich zur Aromatherapie und war von Anfang an davon begeistert. Die Essenzen der Pflanzen inspirierten mich sehr. Die Seele der Pflanzen hilft der Seele des Menschen.
In vielen Beratungen habe ich dieses Geschenk der Natur anderen Menschen nahegebracht. Das Wunderbare ist: Die Essenzen wirken ganzheitlich. Körper, Geist, Seele und Umfeld werden positiv beeinflusst.

An einem wunderschönen Kraftplatz in Wildeshausen, in der Nähe von Bremen, hat mir im Sommer 2008 ein Freund die ersten Sternentor-Lamicards gezeigt und mir fünf Stück geschenkt. Als ich die Botschaften auf der Rückseite der Karten las, stand für mich fest, dass ich die Sternentore in meine Arbeit einfließen lassen möchte. Also bestellte ich umgehend ein ganzes Kartenset bei Sonja und arbeitete fortan mit den Sternentor-Karten. Im Herbst 2008 kam der Impuls, passend zum jeweiligen Thema der Sternentore eine Mischung aus verschiedenen ätherischen Ölen herzustellen. Die Mischungen für die Aurasprays und Massageöle entstehen seitdem intuitiv in Zwiesprache mit der Energie der Sternentore. Eine Essenz enthält meistens zwischen drei und sieben verschiedene Pflanzenaromen.
In meiner Praxis nutze ich die Sternentore gern zur Unterstützung meiner Therapie- und Massagesitzungen. Der zu Behandelnde ermittelt sein Sternentor, indem er eine der Karten zieht und die Botschaft liest. Dies ist eine gute Grund-

lage für ein kurzes, einführendes Gespräch vor der Behandlung. Danach gebe ich die passende Aromamischung in das Öl, mit dem ich ihn massiere.

Meine Klienten bestätigen mir immer wieder, wie genau das jeweilige Thema gerade zu ihrer Situation passt. Wenn jemand unsicher mit »seinem« Sternentor ist, testen wir es kinesiologisch aus, um dann herauszufinden, dass es in den allermeisten Fällen passt.

Ich darf immer wieder ganz wunderbare Sachen erleben bei der Arbeit mit den Karten und Essenzen. Allein die Vorstellung, dass ich eine Energie wie »Selbstliebe« in das ganze System eines Menschen einmassieren darf, ist herrlich. Es erfüllt mich mit großer Dankbarkeit. Mit den Sternentor-Ölen und -Sprays möchte ich den Menschen die Gelegenheit geben, ebenfalls so wunderschöne Momente zu erfahren.

Beatrix Kramer im November 2010 – www.beatrix-kramer.de

Aus der Arbeit von Beatrix fließen im letzten Kapitel »Die Sternentore für Körper, Geist und Seele« jeweils drei Naturessenzen pro Sternentor als Grundlage für die Körperarbeit ein. So kann jeder, der sich selbst ein Massageöl, einen Duftroller oder ein Auraspray herstellen möchte, die Inhaltsstoffe als Anregung dazu nehmen. Wer sich lieber ein fertiges Produkt bestellen möchte, kann dies ebenfalls tun.*

Das Basisöl für die Massagemischungen ist Johanniskraut- und Aprikosenkernöl. Als natürliches Konservierungsmittel dient Weizenkeimöl.

Johanniskraut ist schon seit alters her als Heilpflanze bekannt. Es hat u. a. eine sehr beruhigende Wirkung auf das gesamte Nervensystem und ist hilfreich

*   www.sonjas-engelshop.de

bei Hautproblemen und Narben. Außerdem fördert es einen gesunden und erholsamen Schlaf.

Aprikosenkernöl wird schon seit vielen Jahren unter anderem erfolgreich in der Vorsorge und Behandlung von Brustkrebs und anderen Krankheiten eingesetzt, weil es eine natürliche Kombination aus Vitaminen enthält, die kranke Zellen sorgsam aus dem Körper entfernt. Es wirkt als natürliche »Zell-Polizei« im Körper. Außerdem verbessert es die Sauerstoffversorgung der Zellen und unterstützt die Lebertätigkeit. Damit wird die allgemeine Leistungsfähigkeit erhöht, die Entgiftung des Körpers angeregt, und Muskelkater und -krämpfe bei starker körperlicher Anstrengung werden vermindert.

Der Sternentor-Duftroller enthält als Basis Jojobaöl. Dieses zieht schnell in die Haut ein und hinterlässt keinen Fettfilm. Es hat eine sehr gute Tiefenwirkung und lässt sich somit auch punktuell auftragen. Die ätherischen Pflanzenwirkstoffe wirken umgehend auf der körperlichen Ebene. Du kannst das Öl mit dem Roller zum Beispiel gezielt auf die Pulspunkte der Handgelenksinnenseite auftragen. Außerdem ist der Duftroller ideal für Akupressur. Er ist klein, handlich und immer und überall einsetzbar.

An den Schläfen ist allerdings Vorsicht geboten. Trage das Öl nicht zu dicht an den Augen auf, weil Öle gern »kriechen« und dies zu Augenbrennen führen kann.

Auch das Auraspray ist schnell und unkompliziert überall einsetzbar. Du kannst dich selbst und auch die Räume, in denen du dich aufhältst, energetisch damit auftanken und stabilisieren. Das Spray wirkt über das Riechhirn auf der körperlichen und psychischen Ebene. Zusätzlich wirkt es in der Aura auf den feinstofflichen Körper ausgleichend und magnetisierend.

Intuitiver Umgang
mit den Sternentoren

Wenn du deiner eigenen Intuition folgst, kannst du das Buch »Sternentore«, die Sternentor-Karten und die Essenzen, die im hinteren Teil dieses Buches näher beschrieben werden, als hilfreiche Unterstützung deines Weges nutzen. Du kannst die Karten intuitiv ziehen oder einfach mit geschlossenen Augen durch das Buch blättern und sehen, welches Sternentor sich zeigt. Oder du schlägst das Inhaltsverzeichnis auf und tippst mit geschlossenen Augen auf eine bestimmte Seite. Im Internet hast du ebenfalls die Möglichkeit, eine Sternentor-Karte zu ziehen.**

Es macht großen Spaß, der eigenen inneren Kraft zu vertrauen. Deine Seele ist sehr kreativ und kennt auf alles die Antworten. Kreativität ist pure Schöpferkraft. Du wirst merken, dass in jedem Moment, in dem du deinem eigenen Schöpfer-Sein Raum gibst, deine Aufmerksamkeit immer mehr den Seelenimpulsen folgt. Deine Seele kennt den Weg.
Nur das menschliche Ego, das sehr gern mit Dramen und alten Mustern spielt, hat die blinden Flecke, die die Wahrheit verbergen. Deine Intuition jedoch kann die blinden Flecke wundervoll erhellen. Vertraue dir selbst. Du kannst mit deinem Ego Frieden schließen, indem du es in deine Veränderung einbeziehst und ihm voller Liebe die Aufgabe gibst, dich von nun an ganz bewusst auf dem Weg in dein Licht zu begleiten. Es funktioniert.

** http://www.schirner.com/files/kartensets/karten_sternentore/sternentore.htm

Du kannst dir beim Arbeiten mit den Sternentoren vor jeder intuitiven Entscheidung verschiedene Fragen stellen – je nachdem, was gerade wichtig für dich ist.

Ein paar Beispiele:

Welche Energie möchte mich gerade unterstützen, damit ich einen wundervollen, glücklichen Tag erlebe?

Die Botschaft des Sternentores richtet deine Konzentration auf die Kraft, die dir gute Impulse und Inspiration für den Tag und seine Aufgaben gibt. Du kannst die Affirmation des Sternentores von der Karte oder aus dem Buch lesen und sie dir am besten vor einem Spiegel direkt in die Augen sagen. So baust du dich selbst auf und kannst mit viel Schwung und Freude in den Tag starten.

Wenn du deinen Körper während der dann folgenden Stunden unterstützen möchtest, kannst du das entsprechende Auraspray des Sternentores bei dir tragen. Der feinstoffliche, wundervoll duftende Sprühnebel trägt die Informationen der Botschaft in sich und hüllt dich sanft ein. Das Glück kann zu dir kommen.

Mit welcher Energie kann ich meine Ruhe- und Meditationsphase unterstützen?

Du kannst die Kraft des Sternentores vor deiner Entspannungszeit auf dich einwirken lassen. Betrachte dafür die Karte. Spüre, wie die Energie der Farben und Formen auf dein Bewusstsein wirkt. Lies die Botschaft, und sprich die Affirmation konzentriert und bewusst aus. Dann entspanne dich, und lasse deine Seele zusammen mit der Energie wirken. Gib der Botschaft Raum, sich vollkommen in deinem Sein auszubreiten. So sammelst du frische Kräfte und Inspiration und kannst deinen Geist freilassen.

Welche Affirmation kann ich heute immer wieder zu mir selbst
sprechen, damit ich mich öffnen kann für die Wunder, die mir begegnen?
Jedes Sternentor hat seine eigene Affirmation mitgebracht, um dich auf deinem Weg zu unterstützen. Du kannst diese kraftvolle Bestärkung mehrfach am Tag vor dem Spiegel zu dir selbst sagen. Im Buch »Sternentore« ist eine kurze Anleitung hinzugefügt, damit dieser besondere Satz auf die entsprechende Resonanz in dir trifft. Affirmationen bieten dir eine gute Möglichkeit, deinen Verstand neu auszurichten – weg von den alten Glaubenssätzen hin zu neuen, befreienden Einsichten. Es ist allerdings wichtig, dass du an dich selbst und deine Kraft glaubst. Vertraue darauf, dass du in der Lage bist, selbst dein Leben zu verändern. Erlaube dir, glücklich zu sein. Das ist eine wichtige Voraussetzung für alle Veränderungen.

Welches Sternentor möchte mich in der
nächsten Zeit in meiner Entwicklung unterstützen?
Das Sternentor, das du intuitiv wählst, kann dich über einen längeren Zeitraum – ganz nach deinem Gefühl – begleiten. Du kannst intensiv mit ihm arbeiten, indem du über seine Botschaft meditierst, es so oft wie möglich betrachtest und dein Bewusstsein auf seine Energie ausrichtest. Sie wird dir in den nächsten Tagen und Wochen auf verschiedenen Wegen begegnen. Du wirst Menschen treffen, die dir wichtige Informationen zu der entsprechenden Energie schenken, und Situationen erleben, aus denen du viel lernen kannst. Erfreue dich daran!

Wenn du das Sternentor-Buch besitzt, kannst du ganz tief in die Übungen, Meditationen und Affirmationen eintauchen. Nutze dazu dein Lebens- oder Tagebuch, und notiere, was dir in der intensiven Arbeitszeit mit der Sternentor-Energie begegnet. Alles dient dir als Spiegel deines Inneren.

Um auch deinen Körper mit in die Entwicklung einzubeziehen, kannst du das Öl des gewählten Sternentores nutzen. Im hinteren Teil des Buches beschreibe ich, wie du das Öl am besten anwendest. Es dient deinem Körper dazu, dass auch er die Information über seine intelligenten Zellen aufnehmen darf und sich mit seiner eigenen Intuition an deiner Entwicklung beteiligen kann. Es ist eine wundervolle Erfahrung, die ich selbst schon oft voller Freude gemacht habe. Genieße diese einzigartige Zeit.

Methodisches Arbeiten mit den Sternentoren

Manchen Menschen fällt es leichter, sich systematisch den eigenen Themen anzunähern. Darum habe ich mich wieder tief in die Energie der Sternentore begeben und mir eine Struktur geben lassen, wie du Schritt für Schritt mit ihrer Hilfe mehr über dich selbst lernen kannst. Die folgende Reihenfolge ist eine Anregung. Du kannst jederzeit deinem Herzen folgen und mit einem intuitiv ausgewählten Sternentor arbeiten. Was auch immer du tun möchtest: Höre auf deine Seele! Sie kennt den Weg. Die Sternentore können dir treue Begleiter, Botschafter und Taschenlampen im Dunkeln sein. Ihre Impulse können dir Licht schenken, um den Pfad deines Herzens zu finden.

Dieser Weg ist voller Erkenntnisse und Erinnerungen an deinen wahren Wesens-kern. Du wirst merken, was für fabelhafte Schätze in dir schlummern. Manche hast du schon lange gespürt, dich aber nicht getraut, sie zu nutzen. Manche sind tief verborgen und möchten endlich geborgen und betrachtet werden. Du wirst tolle Werkzeuge finden, die dir auf deinem Weg der Entfaltung dienlich sind. Du bekommst sanfte Impulse und Ideen, wie du dir selbst ein Paradies auf Erden schaffen kannst. Genieße den Weg und freue dich auf das nahe Ziel: frei, selbstbestimmt, voller Liebe und innerem Frieden dein Leben zu genie-ßen!

Vorab: Wie entfaltet sich Bewusstsein?

Dein Bewusstsein ist wie eine zarte Knospe, die sich im Laufe deines Lebens zu einer großen, herrlichen Blüte entwickeln kann. Alles in deinem Leben geschieht aus deiner eigenen Energie heraus. Du gibst Menschen, Dingen und Ereignissen deine Aufmerksamkeit nach eigenem Ermessen. Wenn du als Kind gelernt hast, dich auf die Schattenseite zu konzentrieren, wirst du auch nur den Schatten wahrnehmen. Doch du kannst jederzeit deine Aufmerksamkeit neu lenken. Das Licht ist überall. Die schönen Augenblicke, Glücksmomente und herrlichen Erfahrungen, die dein Herz zum Singen bringen, warten an jeder Ecke auf dich.

Das Bewusstsein zu entfalten, bedeutet, die engen Scheuklappen der Wahrnehmung abzulegen. Es ist eine sehr kraftvolle Entscheidung, von nun an alles erkennen zu wollen, was geschieht. Die wahre Illusion des Menschen ist, dass nur das geschieht, was er mit seinen körperlichen Sinnen bemerkt. In Wahrheit passieren unendlich viele Dinge gleichzeitig – und du richtest all deine Sinne auf das, was du kennst. Wenn du dazulernst, nimmst du also mehr wahr. Wenn du dein Bewusstsein erweiterst, deine Scheuklappen der begrenzten Erfahrung abnimmst und dich für eine klare, bewusste Wahrnehmung entscheidest, erkennst du die vielen Wunder.

Wunder sind Ereignisse, die du bislang für unmöglich gehalten hast, die jedoch immer schon möglich und vorhanden waren. Wenn du dein Herz für die Liebe öffnest, wirst du sie auch erfahren.

Du kannst deinen Geist befreien, indem du in Ruhephasen und Meditationen deine Gedanken loslässt und ihm Raum schenkst. Innerer Frieden bringt unvergleichliche Gelassenheit und Heiterkeit in dein Leben.

Wenn du deinen Verstand überzeugen kannst, dass auch du es verdient hast, glücklich zu sein, wird er sich neu organisieren. Es braucht etwas Zeit, die Synapsen im Gehirn neu zu strukturieren (siehe »die 30-Tage-Übungen« im Buch Sternentore), doch es funktioniert.

Auch dein Körper hat viele Glaubenssätze und Muster gespeichert. Mittlerweile konnten Wissenschaftler nachweisen, dass beispielsweise bestimmte Krankheiten nicht nur genetisch vererbt werden, sondern auch durch die Geschichte der Familie. Wenn du daran glaubst, dass du im Laufe deines Lebens dasselbe erleben wirst wie deine Eltern, wird es so sein. Selbst wenn es genetisch nicht geplant ist.

Kannst du dich jedoch bewusst und voller Liebe von diesem Glauben lösen und deinen ganz eigenen Weg gehen, bist du frei von den alten Strukturen und kannst deinen Körper neu organisieren. Ich habe es selbst erlebt und kenne viele Menschen, denen dies gelungen ist.

Dein Bewusstsein ist mächtig. Vertraue dir selbst, und folge deiner inneren Stimme. Sie kann mit jedem Tag kraftvoller und selbstbewusster werden, wenn du es ihr gestattest.

Die Quelle allen Seins:
»Das Sternentor des Ursprungs«

Wenn du dich auf den Weg in ein freies, selbstbestimmtes und schöpferisches Leben begibst, beginnt dies mit der Erkenntnis, wie alles entstand. Das Sternentor des Ursprungs zeigt dir voller Klarheit, wo du herkommst. Lass dich vertrauensvoll in diese Energie fallen. Du wirst aufgefangen von einem weichen Netz aus bedingungsloser, hingebungsvoller Liebe aus der göttlichen Quelle. Erlaube dir, diese allumfassende Schwingung durch dich und in dich hineinfließen zu lassen.

Möchtest du auf dieser Erde sein? Erst, wenn du diese einfache Frage mit »Ja!« beantworten kannst, bist zu in der Lage, dich auf dieses großartige Abenteuer namens Leben wirklich einzulassen. Du hast einst entschieden, auf diese Welt zu kommen. Nun kannst du anfangen, das Spiel voller Bewusstsein zu spielen.

Das Sternentor des Ursprungs vermittelt dir, wie viele andere Sternentore auch, dass du lernen kannst, bewusst und gern in deinem Leben zu sein. Dies ist der Anfang.

Die Basis für ein erfülltes Leben:
»Das Sternentor der Selbstliebe« –
»Das Sternentor des Selbstvertrauens« –
»Das Sternentor des Selbstwertes«

Jeder bewusste Gedanke basiert auf diesem Dreiklang. Je mehr du dich selbst lieben und annehmen kannst, desto angenehmer kannst du dein Leben empfinden. Je mehr du dir selbst und deinen Gefühlen vertraust, desto klarer werden deine Entscheidungen. Und wenn du dich aufmerksam mit dir selbst beschäftigst und dich zutiefst kennengelernt hast, findest du auch den wahren Wert deines Lebens. Du wirst erkennen, wie wertvoll, schön und liebenswert du in Wahrheit bist. Es ist immer alles eine Frage der Betrachtungsweise.

Wenn du dein Leben auf eine völlig neue, selbstbestimmte und kraftvolle Basis stellen möchtest, kannst du mit den Sternentoren zu diesen drei Themen in der oben genannten Reihenfolge damit beginnen.

Selbstliebe

Die Selbstliebe ist der allererste Teil, mit dem du dich ganz entspannt beschäftigen kannst. Im Buch Sternentore habe ich ausführlich berichtet, was unsere Schöpferquelle für das menschliche Sein wünscht. Selbstliebe ist die natürlichste Form von Liebe, zu der ein Mensch fähig ist. Babys fühlen diese selbstverständliche, glückliche Energie noch sehr stark. Sie sorgen automatisch gut für sich, denn ihnen geht es um ihren gesunden Start ins Leben. Sie brauchen Nahrung, Schlaf, Sauberkeit und kuschelige Nähe zu ihren Eltern.

Alle Eindrücke, die direkt nach der Zeugung auf ein Kind einströmen, dienen der Entwicklung seines Mensch-Seins. Je mehr Aufmerksamkeit, Achtsamkeit und Zuneigung die Mutter und auch der Vater für dieses neue Sein haben, desto sanfter und klarer ist die Ankunft der Seele auf der Erde. Je mehr Liebe seitens der Umgebung auf das Kind einwirkt, desto freier und selbstbewusster erkundet es die neue Welt.

Alles, was dem Kind aus seiner ureigenen, individuellen Wahrnehmung heraus fehlt, wird es später im Erwachsenen-Sein suchen. Dies ist das grundlegende Muster, das am Beginn des Lebens entsteht und jeden Menschen zeitlebens begleitet.

Das Großartige daran ist, dass jeder Mensch jedes Gefühl, das er sich wünscht, selbst erzeugen kann. Die Suche nach kuscheliger, allumfassender Geborgenheit und Liebe ist ein Hauptthema jeder menschlichen Entwicklung. Dieses tiefe Gefühl kann nur im Inneren entstehen, denn im Außen gibt es lediglich Ideen dazu, wie du dich in deinem tiefen Wesenskern selbst lieben kannst. Die Liebe ist immer da, denn aus der göttlichen Quelle fließt sie unablässig zu dir. Dies zu erkennen und deine eigene Großartigkeit anzunehmen, ist deine eigene Aufgabe. Du kannst und musst nichts dafür TUN. Du brauchst es nur zu FÜHLEN.

Selbstvertrauen

Du bist der wichtigste Mensch in deinem Leben. Du bist der Mittelpunkt deines Universums und deiner Wahrnehmung. Das weißt du tief in deinem Inneren. Vielleicht hast du etwas anderes gelernt, doch das geschah nur, um dir im Spiel des Lebens ein gutes Trainingsfeld zu eröffnen. In dem Moment, in dem du diese Worte liest, hast du schon einen großen Teil deiner Selbstverantwortung zurückgeholt. Nun kannst du ganz bei dir ankommen und erkennen, dass du zu 100 Prozent selbst die Verantwortung hast – für alles, was dir geschieht. Du kannst es auch den »freien Willen« nennen. Wenn du ohnehin nur für dich verantwortlich bist und dafür sorgen kannst, wie es dir geht, kannst du jetzt auch anfangen, für dein Glück, deine Liebe und deine Lebensfreude zu sorgen.

Es gibt nur eine Ausnahme, in der du Verantwortung für jemand anderen übernehmen kannst: wenn du eine neue Seele auf diese Erde bringst. Einem Kind kannst du am Beginn seines Lebens ein wenig Verantwortung abnehmen, indem du ihm zeigst, welche Regeln hier auf der Erde gelten. Doch schon nach kurzer Zeit beansprucht das Kind seine eigene Verantwortung und beginnt, für sich selbst zu sorgen. Aufmerksame Eltern bemerken das schon sehr früh. Dies ist der Moment, in dem ein Kind den Weg des Selbstvertrauens betritt. Wird dieses Selbstvertrauen seitens der Eltern genährt, bleibt es ein Leben lang vorhanden. Die Kinder der Neuen Zeit fordern dies auch immer stärker ein. Und ich wünsche mir sehr, dass sie einen Weg finden, ihr Vertrauen in sich selbst zu behalten.

Solltest du noch ein wenig mit dem Vertrauen in dich selbst und in dein Leben hadern, kannst du dieses Grundgefühl nun voller Liebe nähren. Du kannst dich achtsam der Aufgabe widmen, deiner Intuition zu vertrauen. Jeder Mensch besitzt diesen »siebten Sinn«. Spüre dich selbst, und achte auf die Signale, die dein Körper dir sendet. Tief in dir weißt du genau, was wichtig für dich ist und was du am besten unterlässt. Dir selbst zu vertrauen, ist ein weiterer, wichtiger Schritt in ein selbstbestimmtes, glückliches Leben.

Selbstwert

Wann hast du dich das letzte Mal wertvoll gefühlt? Sollte dies schon eine Weile her sein, gilt es nun, dafür zu sorgen, dass du es jeden Moment in deinem Leben fühlen kannst. Es ist möglich! Ich weiß es aus eigener Erfahrung. Und es ist ein großartiges Jubeln, das innerlich tobt, wenn du an diesem Punkt angekommen bist! Dein ganzer Körper scheint sich unbändig zu freuen, wenn du dich rundum kostbar fühlst. Du selbst bist ein fantastischer Schatz voller einzigartiger Fähigkeiten und Eigenheiten, die hier auf der Erde gebraucht werden. Du machst aus dieser Welt einen lichtvollen Ort, wenn du möchtest. Wenn du deinen eigenen Wert erkennst, beginnst du, von innen heraus zu strahlen. Was auch immer du über den Wert deines eigenen Lebens gelernt hast, kannst du hier und jetzt neu definieren. Denn wichtig ist nur, wie du zu dir selbst stehst. Was die Menschen um dich herum von dir denken, ist nur deren Meinung.

Nur du selbst kannst deinen Standort auf dieser Erde und in deinem Leben bestimmen. Wenn du dich wertvoll fühlst, erkennst du auch, wie liebenswert, schön und wichtig du bist. Aus diesen grandiosen Gefühlen heraus kannst du jeden Tag neu erleben und dich ganz und gar an deinem selbsterzeugten Glück erfreuen.

Das Zentrum deines menschlichen Seins öffnen:
»Das Sternentor der Herzöffnung«

Seit Jahren gibt es wissenschaftliche Forschungen zum Thema »Herz«. Vor allem die Vertreter der neuen, ganzheitlich denkenden und fühlenden Wissenschaften haben sich intensiv damit beschäftigt, welche Kraft im menschlichen Körper alle Vorgänge lenkt. Galten sehr lange Zeit das Gehirn und der mit ihm verbundene Verstand als die Quelle aller bewussten Entscheidungen, geht die Meinung inzwischen wieder dahin zurück, dass das Herz die Wirkungs- und Schaltzentrale des menschlichen Seins ist. Durch den Pulsschlag, der ein starkes Schwingungsfeld erzeugt, verbindet sich das Herz mit dem übergeordneten Energiefeld, in dem alle wichtigen und relevanten Informationen vorhanden sind. Alle Impulse, die von außen kommen, werden zuerst vom Herzen aufgenommen und dann an das Gehirn – und gleichzeitig an alle wichtigen Körperstellen – weitergegeben. Dein Körper reagiert oft schneller, als dein Gehirn und dein Verstand eine Informationen aufnehmen, filtern und verarbeiten können. Dies erklärt viele bisher unlösbare Rätsel der medizinischen Wissenschaften.

Auf dich übertragen, bedeutet das, dass du enorm davon profitierst, wenn du deinem Herzen und seiner großen körperlichen und energetischen Kraft mehr Aufmerksamkeit widmest. Viele Menschen verschließen ihr Herz aus Angst davor, verletzt zu werden. Auch der Volksmund weist eindringlich darauf hin: »Lass dir nicht das Herz brechen.«
Ein seltsamer Gedanke, denn einen Muskel wie das Herz kann man nicht brechen. Wohl aber fühlt es sich so an, wenn man tief enttäuscht oder das in einen Menschen gesetzte Vertrauen verraten wird. Ein tiefer Schmerz ergreift das Herz, denn dort reagiert man als Erstes auf emotionale Ereignisse, die mit Liebe und Vertrauen verbunden sind.

Das Verschließen aller Gefühle im Herzen ist eine natürliche Reaktion, die vom Verstand geleitet wird. Das geschieht, damit dieser Schmerz nicht noch einmal gefühlt werden muss. Anstatt die Ursachen für die Verletzung zu ergründen, sie zu heilen und daraus zu lernen, verdrängen die meisten Menschen lieber die Erfahrung und errichten Mauern des Selbstschutzes um sich herum.

Was jedoch geschieht, wenn du dein Herz verschließt?
Es gelangen keine Erfahrungen der Liebe und des Vertrauens mehr hinein. Selbst die allerschönsten Gefühle, die dir von einem Menschen geschenkt werden, prallen ab. Alle Liebe bleibt draußen – auch die Liebe, die dir aus der göttlichen Quelle in jedem Moment geschenkt wird. Die wundervollsten und herrlichsten Augenblicke des Glücks und der Freude finden in dir keine Resonanz. Du bleibst unbeteiligt und beobachtest lediglich mit deinem Verstand, was geschieht.

Du brauchst Mut, um dein Herz zu öffnen und hinzuschauen. Du siehst alte Verletzungen, doch sie entstammen Erfahrungen, die lange in der Vergangenheit liegen. Wenn du den Schmerz ignorierst, wird er dich ewig begleiten. Die guten Nachricht: Du kannst all dies positiv verändern. Einige Übungen dazu habe ich in meinem Buch Sternentore vorgestellt, und einige Anregungen folgen hier im Kapitel »Die Sternentore für Körper, Geist und Seele«.

Wenn du dein Herz vertrauensvoll öffnest, wirst du den Schmerz befreien. Die Wunde darf heilen, indem du erkennst, dass du verzeihen und vergeben kannst (Kapitel »Der Weg der Vergebung«). Du kannst das Alte, Vergangene loslassen. Du allein kannst dich entscheiden, dich selbst zu lieben und gut für dich zu sorgen. Dadurch füllst du dich selbst mit Liebe und Vertrauen auf. Du spürst dein Herz immer besser und stärker, sodass du den neuen Ereignissen viel selbstsicherer entgegentrittst. Du kannst klar erkennen, was gut für dich ist und was nicht.

Mit einem offenen Herzen begegnest du gleichgesinnten Menschen, die sich selbst spüren und lieben. Ein offener, vertrauensvoller und liebevoller Austausch wird möglich. Du wirst dich selbst mit mehr Respekt behandeln und dementsprechend von deinen Mitmenschen respektvoller behandelt.

Das Herz zu öffnen, wird immer belohnt. Es ist ein wichtiger Schritt in ein neues Bewusstsein. Du erkennst, wie schön das Leben ist, wenn du es mit deinem Herzen wahrnimmst. Auch Antoine de Saint-Exupéry sagte, dass wir nur mit dem Herzen gut sehen, weil das Wesentliche für das Auge unsichtbar sei. Wie recht er hatte, wird nun auch wissenschaftlich untermauert. Wunder sind möglich, wenn dein Herz offen und bereit ist.

Auflösung von Blockaden:
Das Sternentor »Weg aus der Angst«

Wenn du fühlst, dass du dir selbst im Weg stehst oder scheinbar unüberwindbare Hürden dein Vorankommen vereiteln, tauche ein in dieses Sternentor. Dies kann zu Beginn der Reise zu dir selbst wichtig sein, doch auch im Laufe dieser Expedition in deinen Wesenskern wirst du Momente erleben, in denen du seine Unterstützung nutzen kannst. Dieses besondere Sternentor ist wahrlich faszinierend. Ich habe es schon oft auf meinen Reisen mitgenommen und den Menschen gezeigt. Selbst wenn viele andere meiner Bilder daneben hängen, so ist »Der Weg aus der Angst« doch immer ein starker Magnet, der die Blicke auf sich zieht und tiefe Gefühle auslöst. Dieses Sternentor hat mir und schon vielen anderen Menschen deutlich gezeigt, dass Angst ein wertvolles Gefühl ist. Sie ist ein akutes Signal, gut auf sich selbst aufzupassen. Sie ist der erste, ursprüngliche Impuls dazu, gut für sich selbst zu sorgen. Nur du allein entscheidest, was in dieser Welt gut und wichtig für dich ist. Alles andere kannst du getrost aus deinem Leben entlassen. Die Angst zeigt sich nur, wenn dich dein inneres Gefühl vor einem Ereignis warnen möchte oder eine alte Verletzung angerührt wurde, die noch nicht geheilt ist. Du kannst weglaufen, doch dann wird sich nichts ändern. Du bleibst gefangen in dunklen Energien. Oder du kannst dich innerlich zentrieren, gut für dich sorgen, alles genau betrachten und viel daraus lernen.

Im letzten Kapitel, »Sternentore für Körper, Geist und Seele«, gehe ich bei diesem wichtigen Sternentor gezielt auf wichtige Schritte ein, die du gehen kannst, wenn du Angst fühlst. Bei tief sitzenden, alten Ängsten gibt es sehr wirkungsvolle Übungen, die du machen kannst, um Vergangenes zu heilen und neue Energie zu fühlen.

Wenn du dich selbst liebst und deinem inneren Gefühl vertraust, gehst du jeden Tag achtsamer mit dir selbst um. Du wirst spüren, dass dadurch auch die Angstimpulse immer weniger werden. Doch bis dahin kannst du der Angst als deiner »Seelenwächterin« vertrauen. Sie kennt deinen Weg und hilft dir, Umwege und Sackgassen zu erkennen und zu vermeiden.

Finde dein Ziel und deine wahren Bedürfnisse:
»Das Sternentor des Findens«

Als Kind wusstest du ganz genau, was du wolltest. Du wusstest, welche Gefühle du als erwachsener Mensch erleben und was du beruflich machen wolltest. Im Laufe vieler hundert Beratungsgespräche habe ich immer wieder feststellen dürfen, dass in jedem Kind die Gewissheit um seine Berufung und seine Pläne für die Zukunft stecken. Aus vielerlei Gründen jedoch werden diese Gewissheiten überdeckt oder gehen ganz verloren. Die Pläne werden zu Träumen, zu unerfüllten Sehnsüchten, und verschwinden schließlich ganz.

Auch die erwünschten, ersehnten Gefühle, die ein Kind ganz individuell erfahren möchte, können oftmals von den Eltern nicht erfühlt und erfüllt werden. So werden auch die natürlichen, emotionalen Bedürfnisse immer tiefer vergraben, damit sie nicht die ganze Zeit nach Erfüllung drängen und damit Traurigkeit erzeugen. Doch es gibt eine Lösung!

Das Sternentor des Findens zeigt dir, wie du dich selbst – aus deinem eigenen tiefen Inneren heraus – glücklich machen kannst. Es zeigt dir auch, dass du ganz allein die Verantwortung dafür hast, glücklich zu sein. Deine Eltern haben dir alles gegeben und vermittelt, was ihnen möglich war. Du hast von ihnen alle Grundlagen erfahren, die du für ein selbstverantwortliches Leben kennen musst. Nun ist es an dir, damit zu spielen und jeden Tag neue Erfahrungen zu sammeln. Vertraue dir selbst und der Kraft deiner Seele. Du kannst dir selbst deine Wünsche und Bedürfnisse erfüllen. Nur Mut: Es funktioniert!

Mut für ein selbstbestimmtes, glückliches Leben:
»Das Sternentor des Mutes« –
»Das Kristall-Sternentor von Mars und Granat« –
»Das Kristall-Sternentor von Erzengel Metatron und Smaragd«

Mit dem Sternentor des Mutes kannst du dich bewusst darauf vorbereiten, neue Wege zu gehen. Die Kraft für klare Entscheidungen wächst, du kannst dich innerlich aufbauen und voller Selbstvertrauen für dich und deine Ziele einstehen. Mut ist mit Selbst-Bewusst-Sein verbunden. Wenn du dir deiner selbst bewusst bist und wenn du dich mit deinen Bedürfnissen fühlen kannst, lasse dir die Energie von Mutter Erde schenken, die du für deine Projekte brauchst. Du kannst auch die Kraft und Liebe der geistigen Welt einladen, dich zu unterstützen. Als Mensch und göttliche Seele weißt du hoffentlich, wie wertvoll du bist und dass du es verdient hast, mutig und mit voller Unterstützung deinen Weg zu gehen. Tanke dich auf, und gehe dann weiter. Schritt für Schritt – hinein in DEIN Leben.

Es ist auch möglich, dir Hilfe einzuladen. Mit der männlichen, kraftstrotzenden Energie von »Mars und Granat« kannst du dich in Seelenruhe auffüllen, bis du erkennst, dass du viel mehr Kraft in dir hast, als du vermutest. So fällt es dir leichter, mutig zu sein und aus tiefem Herzen für deine Wünsche einzustehen. Du kannst ganz klar ausdrücken, was du dir vorstellst, und zwar so, dass dein Gegenüber versteht, was du willst und brauchst. Du bist in der Lage, von Herz zu Herz zu kommunizieren und »auf Augenhöhe« mit deinem Gegenüber zu sein, statt dich kleiner oder größer zu machen.

Auch Erzengel Metatron und Smaragd sind wundervolle Helfer, wenn es um deine Schöpferkraft geht. Sie erklären dir liebevoll, was du tun kannst, um aus deiner göttlichen Quelle Neues zu erschaffen. Auch das gibt dir Mut, denn du erkennst, dass du es in der Hand hast, wie dein Leben sich gestaltet.

Ein sinnvoller Neubeginn:
»Das Sternentore des Neubeginns« –
»Das Sternentor des Mutes« –
»Das Sternentor der Lebensfreude«

Stehst du vor neuen Herausforderungen? Verändert sich dein Leben gerade auf deutliche Weise? Oder hast du einfach Lust, einen neuen Kurs einzuschlagen? Dann kannst du mit diesen drei Sternentoren voller Freude in einen neuen Abschnitt deines Lebens starten.

Du kannst dich mit ihrer Unterstützung ganz bewusst und konkret auf dein neues Ziel vorbereiten. Besonders die Übungen aus dem Buch Sternentore, die unter »Neubeginn«, »Mut und »Lebensfreude« nachzulesen sind, können dir wichtige Impulse für diese neue Ebene bringen, auf die du dich zubewegst.

Für einen Neuanfang, egal in welcher Hinsicht (und sei es nur der neue Tag), ist eine Portion Mut erforderlich. Sich dem Leben ganz bewusst zuzuwenden, braucht viel Energie. Ein Neubeginn ist wie das Aufgehen einer neuen Saat. Ein Samenkorn braucht, um heranzuwachsen, viel Aufmerksamkeit aus der Natur: Wärme, Wasser, Nährstoffe, Energie und Liebe. Du bist wie dieses Samenkorn und brauchst ebenfalls viel Energie und Fürsorge, um wachsen zu können. Der erste Schritt in einen neuen Abschnitt deines Lebens ist immer der wichtigste – gehe ihn mit Liebe und Bewusstsein. Es ist DEIN Leben, das du jeden Tag neu erschaffst.

Du kannst dich auf das Neue, Kommende aus tiefstem Herzen freuen. Wenn du dies ganz bewusst machst, ziehst du ganz viel Unterstützung und positive Impulse in dein Leben. Du bekommst Hilfe, selbst wenn du sie nicht erwartest. Du findest Klarheit, um die notwendigen Schritte zu gehen. Alles erscheint einleuchtend und einfach.

Der Wandel ist ein fester Bestandteil deines Lebens, so wie er auch ein essenzieller Bestandteil der gesamten Erde ist. Alles verändert sich jeden Tag. Mit dieser schlichten Tatsache kannst du einfach deinen Frieden machen. Das macht es leichter.

Es ist viel schöner, sich auf die neuen Möglichkeiten zu freuen. Dadurch bekommt jeder Tag etwas Positives, Abenteuerliches. Wenn dann größere Umbrüche auf dich zukommen, kannst du ihnen mit viel mehr Gelassenheit begegnen, denn dann weißt du um die Kraft der Veränderung.

Deine Seele möchte sich jeden Tag ein bisschen mehr entfalten, möchte das gesamte Potenzial zum Ausdruck bringen, das du in dieses Leben mitgebracht hast. Somit bietet dir jeder Tag eine neue Chance, dich noch glücklicher zu fühlen. Und jeder Neubeginn ist der Anfang eines Wunders.

Die drei großen Heiler:
»Das Sternentor der Herzöffnung« –
»Das Sternentor der Heilung« –
»Das Kristall-Sternentor von Erzengel Raphael und Malachit«

Wenn in dir der Wunsch nach vollständiger Heilung besteht, die deinen Körper, deinen Geist und die Verbindung zu deiner Seele einschließt, kannst du dich voller Vertrauen in die Energien dieser drei wundervollen Sternentore begeben.

Heilung ist – wie alles auf dieser Erde – direkt mit deiner 100%igen Selbstverantwortung verbunden. Im Verlauf der Übungen und Erläuterungen wirst du vermutlich einige Aha-Momente erleben. Wenn du erst verstehst, warum es so wichtig ist, dein Herz zu öffnen, kannst du den Weg zur Selbstheilung beginnen. Denn alles beginnt in deinem Herzen. Über diesen lebenswichtigen, pulsierenden Muskel bist du mit allem verbunden, was existiert. Dein Herz erzeugt durch sein regelmäßiges Schlagen ein messbares Schwingungsfeld, das in der gleichen Frequenz pulsiert wie die Erde und wie das ganze Universum. Verschließt du es also aus Angst vor Verletzungen und emotionalen Schmerzen, kapselst du dich von allem um dich herum ab, vor allem von den heilenden, liebevollen Impulsen, die in jedem Augenblick um dich herum schwingen und dich auf dem Weg durch ein glückliches, erfülltes Leben unterstützen möchten.

Wenn du dich selbst überzeugen kannst, wie wertvoll ein offenes, starkes Herz ist, das frei verbunden ist mit allen Menschen, allen Seelen der Welt und dem großen Ganzen, bist du auch mit der übergeordneten Weisheit der Schöpferquelle verbunden. Aus dieser Quelle kommen übrigens auch die Botschaften der Sternentore. Dort ist die Weisheit, die gerade jetzt durch meine Finger in diese Worte fließt, die dich erfüllen möchten. Es ist unglaublich befreiend, wenn das eigene Herz (das bei mir früher winzig, verschrumpelt und traurig in einer Ecke meines inneren Kellers lag) mit Liebe und Wahrheit erfüllt werden kann, indem man es bewusst öffnet und sich voller Vertrauen hingibt. Als Mensch nehmen wir nur einen Teil des großen Wissens der Quelle mit auf die Erde, doch über unser offenes, freies Herz können wir uns wieder damit verbinden. Dann fließen uns auch Informationen über Wege der Heilung zu. Dann findest du plötzlich Menschen, die genau das Wissen mit dir teilen, das du gerade brauchst. Du findest Heiler, die deine eigene Wahrheit ergänzen und deinem Körper und Geist die Energie zufließen lassen, die wichtig für dich ist. Eins zu sein mit dir selbst und mit allem, was existiert, macht heil auf allen Ebenen.

Wenn du die drei Heilungs-Sternentore gelesen und deren Übungen gemacht hast, kannst du auf deinem Weg der Heilung weiterwandern. Im Kapitel »Die Sternentor-Karten: Ideen für einen intensiven Umgang« erfährst du, wie deine Heilung weiter unterstützt werden kann: durch die »Heilungslinie«. Sie bringt die Energien zutage, die von dir im Speziellen betrachtet und integriert werden wollen. Denn du als Individuum brauchst natürlich ganz besondere Kräfte, um dich zu stärken. Ich wünsche dir auf jeden Fall einen ruhigen, friedlichen Weg der Heilung. Er ist möglich. Ich bin der lebende Beweis dafür.

Der Weg der Vergebung:
»Das Sternentor der Herzöffnung« –
»Das Sternentor der Selbstliebe« –
»Das Sternentor des Mitgefühls« –
»Das Sternentor der Dankbarkeit«

Diese vier Sternentore sind die Erkenntnisbringer für jede Form von Vergebung. Mithilfe ihrer Energien kannst du alles loslassen, was dich daran hindert, deine wahre Größe zu leben und inneren Frieden zu finden. Du kannst dich von ihrer Kraft erfüllen lassen, um auf allen Ebenen (Verstand, Herz und Bauch) zu verstehen, warum dir Menschen und Ereignisse begegnet sind. Du kannst in allem den großen Zusammenhang entdecken. Das ist ein großartiges Gefühl. Du machst dich frei von der Fremdbestimmung durch deine Verletzungen, die dich immer wieder in deine Dramen und Muster führen.

Du kannst erkennen, dass du genau diese Erfahrungen gebraucht hast, denn sie haben dir wichtige Erkenntnisse für deinen Weg gegeben. Durch diese Erkenntnisse kannst du dich selbst erfahren und deine Begabungen und Gaben erkennen und leben.

Vergebung öffnet Türen, die vorher unsichtbar waren. Durch sie kommst du in Bereiche deines Seins, die du noch nie betreten hast: deine inneren Schatzkammern. Du kannst erkennen, dass die Begriffe »Schuld« und »Sünde« menschliche Schöpfungen sind, die dazu dienen, diese Schatzkammern zu verschließen. Nun ist diese dunkle Zeit jedoch vorüber. Wenn du deine volle Selbstverantwortung übernimmst, kannst du die alten Worte und verletzten

Gefühle gehen lassen und dich ganz auf deine Möglichkeiten konzentrieren. Alles im Universum beruht auf Aktion und Reaktion. Diese Kausalität ermöglicht jeder Seele, die Zusammenhänge zu nutzen, um tief greifende Erfahrungen zu machen. Wenn du also Menschen begegnet bist, die dich auf irgendeine Weise tief berührt haben, so geschah das, weil eure Seelen damit einverstanden waren. Dies gilt es zu akzeptieren. Dann kann der Groll gehen, und Liebe erfüllt den Raum zwischen dir und deinen Mitmenschen. Ein völlig neues Lebensgefühl darf entstehen.

Die vier Sternentore werden dir voller Achtsamkeit einen Weg aus dem Dunkeln zeigen. Sie führen dich ans Licht deiner Schöpferkraft und in eine Größe, die du schon lange in dir gespürt hast. Vertraue der Quelle allen Seins, und du wirst sie tief in dir erkennen.

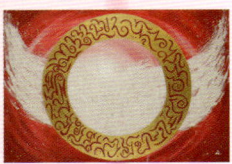

Liebevolle Partnerschaft:
»Das Sternentore der Herzöffnung« –
»Das Sternentor der bedingungslosen Liebe« –
Das Sternentor »Ausdruck des Herzens« –
»Das Kristall-Sternentor von Venus und Mondstein« –
»Das Kristall-Sternentor von Mars und Granat«

Wenn du wahre, tiefe, erfüllte Liebe in einer Beziehung erfahren möchtest, geht der Weg zuerst in dein Innerstes. Dies gilt für alle großen und wichtigen Themen deines Seins. Die erste Frage, die du dir stellen kannst, ist folgende: »Habe ich eine gute Beziehung zu mir selbst?«

Wie auch immer du sie beantwortest, zeigt dir, warum du deine bisherigen Partnerschaften so und nicht anders erlebt hast. Wenn du, wie zu Beginn des Buches angeregt, zuerst die Themen »Selbstliebe«, »Selbstvertrauen« und »Selbstwert« durchgelesen und die Übungen dazu durchgeführt hast, wirst du schon sehr viel über dich selbst erfahren haben. Dein derzeitiger innerer Zustand kann sich schon viel besser auf die schönen Momente des Lebens ausrichten.

Nun geht es weiter – hin zu einer respektvollen und glücklichen Beziehung, die bei dir selbst beginnt.

Aus eigener Erfahrung kann ich berichten, dass ich stets wie wild darum gekämpft habe, eine harmonische Partnerschaft zu erleben. Spürst du den Widerspruch darin? Wie kann ich kämpfen – was ja eine gewisse Aggressivität in sich trägt – und gleichzeitig auf Harmonie hoffen? Unmöglich.

Deshalb habe ich mich ausführlich den drei Grundwerten in mir gewidmet, um mich selbst lieben zu können, mir zu vertrauen und endlich meinen wahren Wert zu entdecken. Es war hochinteressant, wie sich der Umgang der Menschen mit mir verändert hat. Nicht nur in meinen Beziehungen – auch mit meinen Freunden, meiner Familie und in Alltagsbegegnungen. Ich wurde immer sicherer, gelassener und ruhiger. Meine Sucht nach Anerkennung, Zuneigung und Aufmerksamkeit ließ mehr und mehr nach. Heute kann ich vor allem eines: mit mir selbst allein und glücklich sein. Das ist etwas, das mir früher unmöglich war. Und ich kann in den Spiegel sehen und mir (fast) jeden Morgen ins Gesicht sagen: »Ich finde dich klasse – dich würde ich heiraten.«

Es war ein Weg, der meine volle Aufmerksamkeit gefordert hat. Während meines Lebens habe ich immer wieder Partner getroffen, die mir meinen inneren Zustand und die Beziehung zu mir selbst gespiegelt haben. Du wirst im Laufe der nächsten Zeit genau dies bei dir feststellen. Alle Menschen spiegeln dir, wie du dich gerade innerlich fühlst. Deshalb ist eines der Sternentore, die dir auf dem Weg in eine glückliche Beziehung helfen möchten, der »Ausdruck des Herzens«. Es ist so wunderschön, dich selbst zu fühlen und dann der Welt zu zeigen: Das bin ich!
Darauf werden alle deine Mitmenschen reagieren. Der Partner oder die Partnerin, den oder die du dir wünschst oder schon an deiner Seite hast, wird erkennen, wer du wirklich bist, wenn du dies selbst weißt. Dann beginnt ein herrlicher Tanz voller Liebe, Achtsamkeit und Klarheit. Es muss nicht immer eine neue Beziehung sein, die es zu finden gilt. Vielleicht bist du schon in einer Partnerschaft. Dann kannst du dich selbst neu wahrnehmen und somit auch dem geliebten Menschen die Möglichkeit geben, dich neu kennenzulernen. So kann zum Beispiel aus einer Verbindung, die anscheinend kurz vor dem Aus steht, eine völlig neue, kraftvolle Vereinigung werden.

In den Sternentoren »Venus« und »Mars« wirst du viele wichtige Aspekte von Mann und Frau finden, die jenseits der aktuellen Klischees zu finden sind. Es ist interessant, die wahren Energien zu erspüren. Du kannst deine eigene Kraft und die Kraft deines Gegenübers neu einschätzen. Ihr könnt euch auf der Basis eurer wahren Geschlechtlichkeit begegnen und euch angemessen ergänzen, frei von Vermutungen und Überlagerungen, die von außen in eurem Leben erzeugt wurden. Vor allem die Vorstellungen deiner Eltern über Ehe und Liebe haben einen großen Einfluss auf deine Partnerschaft. Mit Unterstützung der Sternentore kannst du nun deinen ganz eigenen, klaren Weg der Liebe finden!

Der Umgang mit Dramen, hindernden Glaubenssätzen und alten Mustern

Ich kann mit Fug und Recht behaupten, Expertin für diese Dinge zu sein. Mehrere Jahrzehnte habe ich selbst unter der Diktatur meiner inneren Vorstellungen verbracht, bis ich es nicht mehr aushielt. Ich habe meine tiefste Krise genutzt, mir selbst eine neue Chance zu geben. Dies bedeutete vor allem eins: Stück für Stück meine Gedanken zu meinem Leben zu erforschen. Ich habe einige Jahre damit zugebracht, mir selbst auf den Grund zu gehen. Dabei habe ich viele Glaubenssätze »ausgemistet«, über Bord geworfen und durch neue, frische, glückliche Energien ersetzt.

Einige deutliche Muster in meinem Leben sind mir bewusst geworden. Sie sind Teil meines Alltags, denn ihnen verdanke ich meine Individualität. Die Muster hat meine Seele für dieses Leben gewählt, um ihre Erfahrungen machen zu können. Früher waren sie an die – oftmals sehr unschönen – Ereignisse gebunden, die sie erschaffen haben. Somit haben sie zu einem permanenten Kampf geführt, denn sie waren für mich wie eine unüberwindbare, undurchsichtige Mauer, die zwischen mir und meinem wahren Sein stand.

Die Muster werden meistens durch Erlebnisse mit unseren Eltern geprägt. Als ich diese ganzen Zusammenhänge erkannte, habe ich sie durch ehrliches Verständnis und tiefe Vergebung gereinigt und geheilt. Sie dürfen nun da sein, doch sie können meine Aktionen nicht mehr behindern. Die Dramen, die eng mit den Lebensmustern verbunden sind, wurden mit der Zeit ruhiger, bis ei-

nige gar nicht mehr erschienen. Ein paar wenige sind noch in meinem Energiefeld, doch ich habe die Geduld, darauf zu warten, dass auch sie mit jedem
Tag sanfter und durchscheinender werden. All dies verdanke ich dem konse-
quenten Üben an der Selbstliebe. Mit jedem Gedanken an die positiven Seiten meines Menschseins bin ich mir nähergekommen. Irgendwann konnte ich
mein Muster lieben. All die Dinge und Eigenschaften, die mich ausmachen,
sind ja von mir selbst für dieses Leben gewählt. Warum sollte ich mich also permanent, wie früher, dafür schuldig und schlecht fühlen? Ich allein entscheide,
was mir wichtig ist. Wenn ich mit meinen Eigenschaften und Ansichten bei anderen Menschen etwas auslöse, was ihnen unangenehm ist, kann ich in mich
hineinlauschen und nachfühlen, ob es noch etwas mit mir zu tun hat. Und
meistens diene ich einfach nur als Spiegel für die Gefühle meines Gegenübers.
Durch dieses Aha-Erlebnis bleibe ich in meiner Selbstverantwortung und kann
gleichzeitig akzeptieren, dass manchmal kleine »Zusammenstöße« passieren.
Wir alle sind auf diesem Planeten, um für uns selbst das Beste zu erschaffen
und uns gegenseitig dabei zu unterstützen.

Was ist ein Drama?

Ein Drama ist der Ausbruch geballter Gefühlsenergie, die sich aufgestaut hat,
weil sie keinen natürlichen Ausgang gefunden hatte. Wenn du in ein Drama
verfällst, dann meistens, weil du an ein vergangenes verletzendes Erlebnis erinnert wirst, das nicht geheilt wurde. Um diese Erfahrung zu machen, hat sich
ein Mensch bereit erklärt, dich zu verletzen und eine deiner Schwachstellen zu
treffen. Dies geschieht meistens unbewusst, und oft fühlt sich dieser Mensch
nicht wohl damit. Doch für dich war es wichtig, denn es war der Wunsch deiner
Seele, diese Erfahrung zu machen. Solange du noch solche wunden Punkte
in dir hast, dienen sie dir als Training für deine ganz speziellen Fähigkeiten.
Wenn du diese Fähigkeiten vollkommen ausgebildet hast, verschwinden deine
Schwachpunkte, und das Leben kann entspannt dahinfließen.

Mit diesem Gedankenansatz kannst du jedes deiner Dramen auflösen. Manchmal geht es schnell, manchmal braucht es eine Weile und Geduld, Licht in das Dunkel zu bringen. Gib dir selbst die Erlaubnis, mit dem Drama aufzuhören. Das macht es viel leichter.

Hierbei können dir folgende Sternentore helfen:

»Weg aus der Angst«, »Dankbarkeit«, »Gegensätze«, »Mitgefühl«

Ein Drama liebevoll beenden – eine Übung

Du kannst in dir eine Alarmglocke installieren, die dir ermöglicht, die ersten Anzeichen zu erkennen, wenn du dich in den alten, verletzten Gefühlen verfängst. Die Alarmglocke kannst du dir erschaffen, indem du achtsam bist und ganz bewusst die Situationen beobachtest, in denen du dazu neigst, in ein Drama zu verfallen. Du kannst sie dir als Sirene, Blaulicht oder als große Glocke vorstellen, die auf oder neben deinem Kopf angebracht ist und dich mit viel Lärm darauf aufmerksam macht, wenn deine alten Gefühle eskalieren.

Wenn deine Alarmglocke aufschrillt, kannst du ganz bewusst einen Schritt aus der momentanen Situation heraustreten.

Führst du zum Beispiel gerade ein Gespräch, das dich reizt, wütend oder traurig macht, kannst du dich einen Augenblick zurückziehen (zum Beispiel ins Bad). Dort kannst du entscheiden, ob du dir jetzt sofort die Chance gibst, anders zu reagieren. Du kannst entscheiden, einen neuen Weg zu gehen.

Lege die Hand auf dein Herz, spüre dich selbst, und lasse ganz viel Liebe in dich hineinfließen. Du kannst dazu deine Seele, die göttliche Quelle oder auch deinen Schutzengel um Hilfe bitten.

Atme langsam tief ein und aus, bis du fühlst, dass du ruhiger wirst. Fühle die Erde unter deinen Füßen. Auch sie liebt dich und schenkt dir ihre Energie. Spüre, wie sich deine Gedanken klären. Bitte deinen Verstand, die alten Erinnerungen zurück in die Vergangenheit zu senden. Hier und jetzt zählt nur, was wirklich da ist, ohne die Belastung der Erinnerungen, die das Drama ausgelöst haben. Mit der neuen Klarheit kannst du dies jetzt besser erkennen.

Wenn du dich körperlich und geistig mit Liebe gefüllt hast, lasse sie überfließen, und dehne sie bis zu dem Menschen aus, mit dem du gerade streitest. Spüre, wie sich die Energie der Räume um euch positiv verändert. Aus der geballten, gereizten Stimmung wird Entspannung. Du bist ganz bei dir. Du kannst dich jetzt dafür entscheiden, mit einem offenen Herzen, voller Liebe für dich selbst und Mitgefühl für dein Gegenüber zurück in das Gespräch zu gehen. Es wird eine vollkommen neue Energie der Kommunikation möglich, in der du offen aussprechen kannst, was du gerade fühlst. Ein Gespräch von Herz zu Herz ist sehr heilsam. Je öfter du dies durchführst, desto seltener wirst du in ein Drama verfallen. Und sollte es einmal geschehen, wirst du schneller wieder herausgelangen als je zuvor.

Diese Übung kannst du auch erst einmal für dich allein testen. Dazu kannst du in Gedanken eine Situation wählen, die du gut kennst und die dich regelmäßig zu einem Drama führt. Spiele sie für dich allein durch. Fühle aufmerksam hinein, und übe, dich neu auszurichten. Es geht um dein Leben und dein Glück. Wenn du aus einem Drama aussteigst, ist dies ein großer Schritt hin zur Heilung der alten Verletzungen. Du wirst immer gelassener und ruhiger. Auf diese Weise heilen auch Freundschaften und Partnerschaften. Die neue Leichtigkeit in dir wird dir viel frische Kraft schenken.

Die himmlischen Helfer:

»Das Kristall-Sternentor von Erzengel Michael und Lapislazuli« –
»Das Kristall-Sternentor von Erzengel Sandalphon und Goldberyll« –
»Das Kristall-Sternentor von Erzengel Raphael und Malachit« –
»Das Sternentor von Erzengel Chamuel« –
»Das Kristall-Sternentor von Erzengel Metatron und Smaragd«

Engel sind das tragende Thema meines Lebens. In mir ist Engel-Energie, die sich jeden Tag auf neue Weise manifestieren und ausleben möchte. Somit ist es beinahe natürlich, dass auch die Sternentor-Serie Impulse von dieser Ebene der göttlichen Schwingung erhält.

Engel sind mehr, als die Mythen und Sagen den Menschen vermitteln möchten. Sie sind eine reale Energie, die sich mit der Seele der Menschen verbinden kann, um deren Lebensplan zu unterstützen. Einen Engel als Beistand zu rufen, wenn Hilfe nötig ist, erhöht die eigene Kraft, macht selbstbewusster und klarer. Die Aura wird leuchtender, die Zuversicht steigt und aus Hoffnung wird ein realer Plan.

Somit sind Engel treue und zuverlässige Helfer, wenn es darum geht, ein Leben im vollen Bewusstsein und mit dem gesamten Potenzial zu erleben, das zur Verfügung steht.

In den Sternentoren erschien zuerst Erzengel Michael, um seine Botschaft auf die Erde zu bringen. Sein Tor ist ein Weg in die eigene Königlichkeit. Um seine Kraft zu verdeutlichen und zu unterstützen, zeigte sich der Edelstein Lapislazuli, der mit seinem strahlenden Blau schon Könige früherer Zeiten schmückte. Erzengel Michael gilt in der klassischen Angelologie (der Lehre von den Engeln)

als der große Beschützer und Verteidiger gegen die dunklen Kräfte. Mit seiner Hilfe ist es jedem Menschen möglich, für sich selbst einzustehen und die eigene Meinung mit Selbstvertrauen und Klarheit zu vertreten. Erzengel Michael ist ein liebevoller Freund und der beste Leib- und Seelenwächter, den man sich wünschen kann.

Als nächstes zeigte sich Erzengel Sandalphon, zusammen mit dem feinen, zarten Leuchten des Goldberylls. Sandalphon ist für mich eine Engelkraft, die sich liebevoll um die Erde legt, um die Schönheit dieser Welt zu erhalten. Sie ist in jedem Herzen, das in Mitgefühl pulsiert. Sie trägt dazu bei, dass die Menschen die göttliche Liebe, ihre eigene Schönheit und ihren wichtigen Beitrag auf Erden erkennen. Mit Erzengel Sandalphon und Goldberyll kommt Licht ins Leben!

Der große Heiler, Erzengel Raphael, kam zu mir in der Vorbereitung zu meiner Hochzeit 2009. Er durchdrang mein ganzes Leben mit Macht. Seine Botschaft war die bis dahin längste und intensivste, die auch nicht zu kürzen war, wie er mir eindringlich vermittelte. Es war eine Herausforderung der besonderen Art, während meines persönlichen Umbruchs so ein kraftvolles, intensives Sternentor zu malen. Erzengel Raphael wird schon in der Bibel als der große Heiler und treue Wegbegleiter erwähnt. Seine Heilkraft wird durch die Energie des Edelsteins Malachit unterstützt, der mit einer starken Herzschwingung daherkommt. Gemeinsam erinnern sie die Menschen daran, wie viel Mut und Selbstheilungskräfte in jedem Einzelnen stecken. Sich ihnen hinzugeben, bedeutet, sich der eigenen Schöpferkraft zuzuwenden.

Erzengel Chamuels Sternentor zu malen, war pure, kindliche Freude! Der Magenta-Ton des Bildes macht einfach glücklich! Schon viele Menschen genießen die Liebe des großen Erzengels, dessen Symbol diesmal kein Kristall, sondern die Schönheit einer voll erblühten Rose ist. Chamuel steht für die bedingungslose, hingebungsvolle Liebe. Eine kindliche, freie und ursprüngliche Liebe, die in jeder unserer Zellen lebt und Ausdruck finden möchte. Mit Erzengel Chamuel in Kontakt zu sein, ist reine Freude. Das Herz wird durchflutet von Licht. Es öffnet sich für die Wunder der Welt.

Sich der eigenen Schöpferkraft bewusst zu werden und sie wirklich zu spüren, ist für die meisten Menschen erst einmal ungewohnt. Viele glauben noch nicht daran, dass sie Schöpfer ihres eigenen Lebens sind und Macht besitzen. Deshalb hat auch Erzengel Metatron den Weg in die Materie eines Sternentores gewählt.

Seine Macht ist grenzenlos. Der Sage nach war er einst ein Mensch, der tausend Inkarnationen durchlebte und schließlich, voller Weisheit, an Gottes Thron stehen durfte. Sein Sternentor schwingt mit der Botschaft, dass der göttliche Impuls im Menschen verankert ist. Zusammen mit der hohen Schwingung des Smaragdes erzeugt er einen leuchtenden Impuls, der direkt ins Herz fließt.

Es gilt, voller Achtsamkeit und Respekt nach dem eigenen Zepter zu greifen und die Krone der Macht anzunehmen – zum Wohle aller Beteiligten.

Auch im Sternentor der Kinder zeigen sich die Engel. Der Engel des Potenzials umarmt die Kinder dieser Welt – also alle Menschen! Zusätzlich zeigen sich zwei Engel, die in den unteren Ecken des Bildes voller Liebe und Demut der Welt und den Seelen, die sich dort gerade inkarniert haben, ihre Energie schenken. Es ist schön zu wissen, dass die Engel für jeden Menschen da sind. Jede Seele hat ihre eigene Schutzenergie, die in jedem Moment an ihrer Seite ist. Die Schutzengel-Kraft hüllt jeden Menschen ein. Sie kann allerdings nicht gegen den freien Willen des Menschen und dessen Seelenplan agieren. Doch in dem Moment, in dem du diese Kraft willkommen heißt, kannst du sie bewusst dazu einladen, das Spiel des Lebens mit dir gemeinsam zu spielen. Dies verstärkt deine Energie, macht dich mutiger und schenkt dir jeden Tag Liebe und frische Impulse.

Die Sternentor-Karten:
Ideen für einen intensiven Umgang im Alltag

Die Sternentor-Karten sind entstanden, weil es für viele Menschen zu einer lieben Gewohnheit geworden ist, sich zu bestimmten Zeiten frische Impulse über das Ziehen von Karten zu holen. Wir leben in einer Zeit, in der die Intuition langsam wieder ihren angestammten Raum einnimmt.

Durch ein Kartendeck eine Inspiration zu erlangen, erhellt die blinden Flecke, die jeder Mensch in sich hat. Es gibt Winkel in unserem inneren Raum, die schwer einzusehen sind. Wenn du eine Karte ziehst, darf deine Seele sprechen. Sie kann dir neue Ideen geben, wie du noch kraftvoller und zielorientierter deinen Weg gehen kannst.

Das Sternentor-Kartenset wirkt mit der Magie und Weisheit der göttlichen Quelle. Die Botschaften sind klar und deutlich. Es ist an dir, sie zu deinem Besten zu deuten. Hier kommen einige Anregungen dazu:

Die Tageskarte

Du kannst am Morgen eine Karte für den Tag ziehen. Dazu kannst du dir folgende Fragen stellen:

Welche Energie unterstützt mich heute am meisten?
Welche Energie wirkt heute durch mich und in mir?

Lies dir die Botschaft des gezogenen Sternentores aufmerksam durch, bevor du in den Tag startest. Du kannst die Affirmation morgens und auch mehrfach am Tag sprechen. Dies lenkt deine Aufmerksamkeit immer wieder in deine Mitte und auf dein Ziel. So findest du Kraft und kannst immer weiter daran wirken, die Schleier der Illusion aufzulösen. Ohne diese Schleier kannst du erkennen, wie wunderschön dein Leben sein kann und ist.

Nimm die Aufforderungen deines Lebens und die Hilfe der göttlichen Quelle achtsam wahr. Öffne dich für die Möglichkeiten, die heute auf dich warten. Wenn dein Herz offen ist für Wunder und Geschenke, wirst du sie sehen und annehmen können. Das Leben schenkt dir jeden Tag neue Chancen, glücklich zu sein. Die Sternentore sind Wegweiser in die richtige Richtung.

Die Trainingskarte

Du möchtest dich weiterentwickeln und dich immer mehr entfalten? Dann kannst du mit den Sternentoren als »Trainingspartner« neue Dimensionen deines Seins erfahren.

Entscheide vorab, wie lange du das Thema üben möchtest. Ob einen Tag, eine Woche oder einen Monat – setze einen Zeitraum fest.

Bevor du eine Trainingskarte ziehst, richte deine Aufmerksamkeit tief in deinen inneren Seelenraum. Gib dich deiner Ursprungskraft hin, und öffne dich für eine kraftvolle, frische Energie, die dich erfüllen möchte. Sie wird dich weiterleiten auf deinem Weg der Selbstliebe und Selbstverantwortung.

Ziehe die Trainingskarte mit dem Bewusstsein, dass dir dieses Thema in der nächsten Zeit immer wieder begegnen wird. Du wirst auf Menschen treffen, mit denen du darüber sprechen kannst und die sich selbst gerade in diese Richtung entwickeln. Andere werden deinen Weg kreuzen, die sich in diesem Thema verfangen haben und damit hadern. Sie zeigen dir die Schattenseite, das Fehlen dieser Kraft.

Ob du die Übungen aus dem Buch »Sternentore« machst, dir neue Bücher oder Filme beschaffst, ob du im Internet Informationen findest oder einfach darüber meditierst – du wirst Mittel und Wege finden, dich selbst jeden Tag zu trainieren.

Eine gute Ergänzung ist auch, deine Erfahrungen in deinem Lebensbuch/Tagebuch festzuhalten. Darin kannst du immer erkennen, wie du dich entwickelt hast. Am Ende deiner Trainingszeit kannst du in dich hineinspüren, wie sich das Thema nun anfühlt. Wie sehr hast du dich verändert? Wie denkst du nun über dieses Thema? Geht es dir besser damit? Bist du freier, bewusster?

Du kannst dich entscheiden, das Thema weiter zu vertiefen oder ein neues zu wählen. Du entscheidest.

Das neue Jahr –
die Geburtstagskarte oder Jahreskarte

Eine schöne Tradition ist es, für den Start in ein neues Lebensjahr oder ein neues Kalenderjahr eine Karte zu ziehen. Ursprünglich wird dies mit den klassischen Tarotkarten gemacht, die auf ihre besondere Weise den Weg des Menschen spiegeln.

Mit den Sternentor-Karten kannst du die Energie einladen, die dich im neuen Jahr begleiten und dir in deiner Entwicklung helfen möchte.
Wenn du die Kraft von Ritualen liebst, kannst du eine kleine Zeremonie entwickeln. Du kannst dir zum Beispiel an deinem Geburtstag oder an Silvester Zeit nehmen, dir deinen Lieblingsraum schön zu schmücken, eine Kerze anzuzünden, deinen Schutzengel einzuladen und es dir besonders gemütlich zu machen.
Dann kannst du die Sternentor-Karten in einem Bogen oder Kreis mit den Bilderseiten nach unten auslegen. Atme ganz bewusst tief ein und aus, schließe die Augen, und spüre deinen inneren Raum. Fühle die Liebe, die in dir ist und zu jeder Zeit aus der göttlichen Quelle in dich hereinfließt. Fühle dich geborgen und ruhig. Dann lade ein Sternentor ein, dich auf dem Weg durch das neue Jahr zu begleiten. Ziehe die Karte mit Ruhe und in der Gewissheit, dass dir das Sternentor die Kraft und Weisheit schenkt, die du brauchst, um eine glückliche Zeit zu erleben. Die neuen Erfahrungen werden dann mit Klarheit und Gelassenheit in dein Leben kommen.

Um die Energie zu verstärken, kannst du die Karte kopieren und dir daraus ein Poster machen. Hänge es an die Stelle (oder an mehrere Stellen), an der du dich davon inspirieren lassen möchtest. Du kannst das ganze Jahr über immer wieder die Botschaft lesen, die Affirmation sprechen und die entsprechenden Übungen und Meditationen machen. Im letzten Kapitel, »Die Sternentore für Körper, Geist und Seele«, findest du weitere schöne Möglichkeiten, dich mit Unterstützung von Edelsteinen, Ölen und Düften das ganze Jahr rundum wohlzufühlen.

Die Linie der Heilung

Mit dieser besonderen Art des Kartenlegens kannst du dir selbst die Reihenfolge der Energien zeigen, die nun durchlebt werden möchten, um deine Selbstheilungskräfte anzuregen.

Um gezielt Schritte in Richtung Heilung zu gehen, kannst du jetzt fünf Karten wählen. Spüre vorher in dich hinein. Wenn du dir sicher bist, dass du bereit bist, heil zu werden, fühle den Ort in dir, der am meisten Heilung braucht. Dort ist gerade die stärkste Botschaft für dich und somit auch die größte Weisheit am Werke. Alle Antworten liegen dort verborgen. Dein Körper zeigt dir immer sehr deutlich, dass Veränderung nötig ist. Bitte ihn mit deiner ganzen Liebe und voller Respekt für seine Weisheit, dich nun konzentriert zu unterstützen.

Lege die Karten mit der Bildseite nach unten vor dich hin. Du kannst sie vor dir auf dem Tisch aufgefächert verteilen oder einfach den Stapel an der Stelle abheben, die dir das beste Gefühl vermittelt.

Bitte noch einmal deinen Körper, deinen Geist und deine Seele, die Botschaft zu verstehen und richtig deuten zu können. Dann decke die Karten auf. Dies ist nun die Reihenfolge, in der du dich den jeweiligen Sternentor-Energien widmen kannst. Am sinnvollsten ist es, jedem Sternetor mindestens eine Woche Zeit einzuräumen. Je nach Intensität der Krankheit wären auch ein längerer Zeitraum und gegebenenfalls eine Wiederholung angemessen.

Du kannst in dieser Zeit jeweils die Botschaften lesen, die Übungen aus dem Buch Sternentore machen und die Affirmationen sprechen. Im Kapitel »Die Sternentore für Körper, Geist und Seele« findest du viele Anregungen, wie du die Energie auch in deinen Körper leiten kannst.

Notiere dir die Reihenfolge sorgsam. Du kannst sie auch liebevoll auf ein großes Blatt Papier schreiben/zeichnen und dieses an eine gut sichtbare Stelle in deinem Schlafzimmer, deinem Büro oder den Raum hängen, in dem du dich gern und häufig aufhältst. Dein »Heilungsposter« erinnert dich daran, dir selbst mit Respekt zu begegnen. Es ist wundervoll, dass du dich mit deinem Körper unterhältst, ihm zuhörst und von ihm lernst. Er ist ein großer Lehrer, der das Bewusstsein von Milliarden intelligenter Zellen vereint. Alle zusammen sind ein Teil von dir. Wenn dieser Teil gesund und glücklich ist, bist du auf deinem wahren Weg des Herzens und der Seele.

Es ist DEIN Weg der Heilung. Du allein kannst ihn gehen. Natürlich ist es wichtig, dich während deiner Heilungsphase, wenn dies wichtig und angemessen ist, auch therapeutisch unterstützen zu lassen. Heilung geschieht auf vielen Ebenen. Ob du einen Heilpraktiker oder einen schulmedizinisch tätigen Arzt bevorzugst, ist allein deine Entscheidung. Manchmal ist ein körperlicher Eingriff wichtig, dann wieder eine energetische Behandlung oder eine schöne Massage, und manchmal hilft ein gutes, aufrichtiges Gespräch. Fühle, was dein Weg ist. Dein Herz und dein Bauch sind gute Indikatoren für das, was richtig für dich ist. Wenn du eine Entscheidung triffst und dein Herz vor Freude hüpft und in deinem Bauch ein schönes kribbeliges Schmetterlingsgefühl herrscht, liegst du richtig!

Neue Wege gehen – das »Kreuz der Kraft«

Wenn du gerade dabei bist, wichtige Entscheidungen für deine Zukunft zu treffen, können dir die Sternentore wichtige Impulse geben.

Um mit dieser Ziehung Erfolg zu haben, kannst du folgendermaßen vorgehen:

Atme tief ein und aus. Konzentriere dich auf das Hier und Jetzt. Fühle dich in diesem Moment. Spüre deinen Körper, der sich jetzt entspannt, spüre deinen wachen, klaren Geist. Lasse die Gedanken an den Alltag vorbeiziehen, bis dein Verstand frei ist. Fühle deinen inneren Raum und die Quelle deiner Energie, die dort sprudelt. Fühle die Liebe zu dir selbst und die Freude, am Leben zu sein. Dann lasse deine Energie fließen und dir die Richtung zeigen. Nimm die Bilder und Gefühle wahr, die sich dir innerlich zeigen. Dann bitte deine Seele, dir klare Antworten auf deine Fragen zu geben.

Wenn du schon ein bestimmtes Ziel vor Augen hast, kannst du dich auch darauf konzentrieren und die Sternentore bitten, dir Hinweise zu geben, wie du auf geradem, einfachem Weg dorthin gelangst.

Mit diesem Bewusstsein kannst du fünf Karten ziehen und entsprechend der obigen Abbildung hinlegen. Stelle dir dazu jeweils folgende Fragen:

1.Karte: Wo stehe ich jetzt gerade?

2.Karte: Was ist mein kommendes Ziel beziehungsweise welches Sternentor symbolisiert die stärkste Kraft, die ich dafür brauche?

3.Karte: Welche Energie unterstützt mich?

4.Karte: Welche Energie fordert mich heraus?

5.Karte: Was ist meine Belohnung?

Nimm die Energie des Kreuzes wahr. Deine Augen sehen und dein Herz fühlt. Du kannst die Gesamt-Botschaft über deine Gefühle aufnehmen und wirken lassen. Auf diese Weise kannst du deine Erkenntnisse erspüren, bevor dein Verstand die Aspekte prüft und über seine Erfahrungen filtert.

Dann lies dir die Botschaften unter den jeweiligen Aspekten durch.

1. Karte: Wo stehe ich jetzt gerade?

An welchem Punkt in deinem Leben befindest du dich gerade?

In welcher Energie, in welchem Gefühl schwingst du im Hier und Jetzt?

Ist es das, was du willst?

Sei so ehrlich und aufrichtig zu dir selbst, wie du nur kannst. Gleiche die Antworten auf diese Fragen zuerst mit deinem Herzen, dann mit deinem Verstand ab.

2. Karte: Was ist mein kommendes Ziel bzw. welches Sternentor symbolisiert die stärkste Kraft, die ich brauche, um es zu erreichen?

Das neue Ziel liegt nun in Form eines Sternentores vor dir. Du selbst hast die Karte gezogen. Du allein kannst das Ziel bestimmen, denn du hast stets die freie Wahl.

Worauf wirkt deine Seele gerade besonders stark hin? Mit diesem Ziel vor Augen wirst du ganz anders mit dir selbst und den Umständen umgehen, die eintreten. Du kannst dir selbst Zeit und Raum geben, dich immer wieder neu auf dein Ziel zu fokussieren. Du kannst dein Herz für die speziellen Wunder und Geschenke des Lebens öffnen, die schon so lange auf dich warten.

3. Karte: Welche Energie unterstützt mich?

Mit der unterstützenden Energie kannst du immer wieder üben und trainieren. Sie stärkt dein gesamtes System: dein Immunsystem, deine Herzkraft, deine Intuition und deinen machtvollen Willen. Sie trägt dich durch die Herausforderungen und hilft dir, in deiner Mitte zu bleiben, wenn um dich herum ein Sturm zu toben scheint. Du bist stärker, als du im Moment vielleicht glaubst. Trotzdem ist es gut zu wissen, dass du immer unterstützt wirst. Die Liebe und Kraft aus deiner Ursprungsquelle ist immer für dich da. Nimm die Hilfe an.

4. Karte: Welche Energie fordert mich heraus?

Die herausfordernde Energie will ebenfalls angesehen werden. Sie zeigt dir, was dir derzeit am meisten fehlt. Selbst, wenn du es nicht bewusst spürst, so drängt sich diese Energie doch stets aufs Neue in den Vordergrund. Wenn du etwas verdrängst, wird es mit der Zeit immer stärker. Deshalb ist es gerade in der kommenden Neuen Zeit so wichtig, sich den inneren Ängsten und Sorgen voller Liebe zu stellen, sie anzusehen und zu transformieren (siehe auch das Sternentor »Weg aus der Angst«).

Die herausfordernde Energie ist dein Lehrer, dein Meister, der dich unterrichtet und formt. Selbst wenn es sich anfangs anders anfühlt, so ist jede einzelne Prüfung doch ein kostbarer Schritt in Richtung deiner eigenen Meisterschaft. Die Übungen werden dir helfen, eine enorme Energie freizusetzen, die bisher in die Unterdrückung deiner Gefühle geflossen ist. Es ist ein herrliches Gefühl, wenn sich die Knoten lösen und alles wieder frei strömen kann.

5. Karte: Was ist meine Belohnung?

Die Lösung der Aufgabe ist wie ein Juwel, das du dir selbst erschaffst. Wenn du dich der Herausforderung gestellt hast und sie auf deine einzigartige Weise löst, zeigt sich in dir eine neue Kraft. Du hast wieder einen neuen Teil deines Potenzials freigelegt. Er kann sich entfalten und dich von nun an in deinem Leben begleiten. Du hast ein Juwel aus deinem inneren Schatz hervorgeholt und ans Tageslicht gebracht.

Poliere die wertvolle Belohnung, und setze sie in die Krone deiner Schöpferkraft!

Du hast es geschafft beziehungsweise dir erschaffen. Du bist Schöpferin und Schöpfer.

Die Belohnung zeigt dir, was dir deine Seele als Geschenk überreichen wird, wenn du mutig deinen Weg fortsetzt. Du wirst diese einzigartige Erfahrung mit neuen Augen betrachten und in Zukunft viel gelassener die kommenden Schritte gehen. Diese Erkenntnis ist der Lohn für deine Achtsamkeit und deinen Respekt dir selbst gegenüber. Sie zeigt dir: Es darf einfach sein, denn dann ist es gut!

Der Kreis deines Potenzials

Für viele Menschen ist nicht deutlich zu erkennen, was für große Kräfte sie in sich tragen. Mithilfe der Sternentor-Karten kannst du für dich – und auch für deine Mitmenschen – wertvolle Antworten erhalten. Und so kannst du vorgehen:

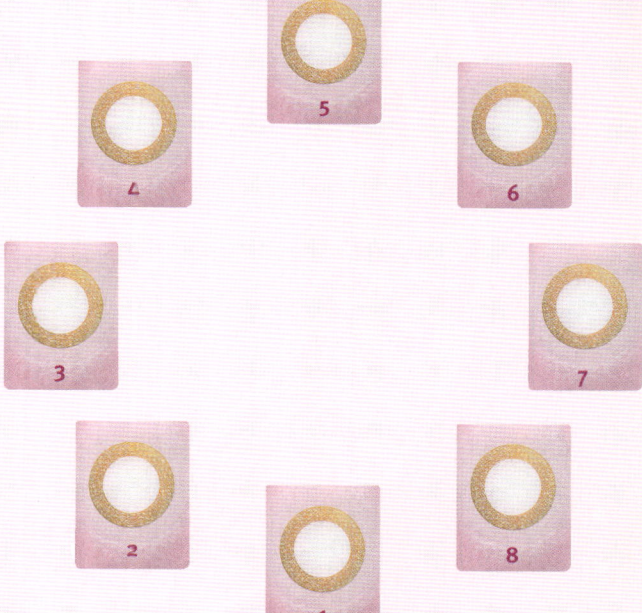

1. Schließe deine Augen, und fühle dich in deinen inneren, heiligen Raum. Dort ist das Zentrum deines Seins als Mensch. Und genau dort liegt auch dein Potenzial verborgen. Bitte nun dein höheres Selbst, Gott und/oder deinen Schutzengel, dich liebevoll zu unterstützen, damit du die Antworten bekommst, die dich auf deinem Weg weiterbringen.

2. Wähle aus allen Karten acht aus und lege sie mit der Rückseite nach oben im Kreis vor dich hin (siehe Abbildung). Atme ein paar Mal ganz entspannt tief ein und aus. Spüre dein Herz als Zentrum deiner Weisheit und deinen Bauch als Sitz deiner Intuition. Dein Verstand ist ebenfalls eingeladen, seine Ideen einzubringen.

3. Dann drehe die Karten eine nach der anderen um. Nimm zunächst nur die Farben und Bilder wahr. Spüre dich in sie hinein. Gibt es ein Farbmuster? Was ist die überwiegende Farbe? Was fühlst du, wenn du die Bilder siehst?

4. Nun lies dir die Titel der Sternentore durch. Spürst du in dir Freude und Bestätigung oder Ablehnung? Die Karten, die dein Herz vor Freude hüpfen lassen, sind deine stärksten Kräfte. Sie wirken schon deutlich in deinem Leben, denn du erkennst sie sofort als DEINE Energien. Du kannst dir die Botschaft in Ruhe durchlesen und auf deinen Bauch hören, wie intensiv du dich darüber hinaus damit beschäftigen möchtest.

5. Botschaften, die du ablehnst oder argwöhnisch betrachtest, sind noch sehr tief in dir versteckt. Sie benötigen deine ganze Hingabe und Aufmerksamkeit.

6. Notiere dir in deinem Lebensbuch oder auf einem großen Blatt Papier die Anordnung und Bedeutung der Karten. Wenn du wirklich mehr über dich selbst erfahren möchtest, kannst du nun in der kommenden Zeit ausgiebig die Übungen zu den Sternentoren machen, ihre Botschaften verinnerlichen und die im nächsten Kapitel aufgeführten Ideen ausprobieren.

Es ist an dir, diesen Legekreis immer wieder zu nutzen, um dich in deinem Wesenskern zu spüren und dich im Spiegel der Sternentore zu betrachten. Wie jeder Mensch hast auch du ein schier unerschöpfliches Potenzial. Du hast Fähigkeiten, die noch sehr tief im Brunnen deiner Seelenquelle schlummern, und viele, die schon vergnügt das Licht der Welt erblickt haben. Du bist wie ein Edelstein, und es lohnt sich, eine Facette nach der anderen zu polieren, bis sich dein strahlender Glanz zeigt. Er lag lange verborgen hinter den Mustern und Glaubenssätzen, die du dir einst ausgewählt hast. Nun kannst du dich selbst und dein Potenzial befreien. Es macht sehr viel Freude, auf diese Weise mehr Klarheit über dein Sein zu erhalten.

Die Anwendung der Sternentore im Alltag

Jedes Sternentor wirkt auf das gesamte Energiefeld eines Menschen. In diesem Kapitel möchte ich dir zeigen, wie du die Kraft der Sternentore auf ganzheitlicher Ebene direkt anwenden kannst.

Dazu liest du dir am besten vorher einmal die Botschaft des Sternentores durch (entweder die ausführliche Botschaft im Buch »Sternentore – Botschaften aus der Lichtquelle« oder die Kurzvariante im Kartenset). So stimmst du dich intensiv auf die Schwingung ein.

Das Kartenset dient einem intuitiven, freien Auswählen des wichtigsten Sternentores. Die Karten tragen die energetische Information in sich. Du kannst die Karten nutzen, um sie auf oder unter deinen Körper zu legen. In diesem Kapitel erläutere ich, welche Stellen dafür geeignet sind. Immer wieder weise ich auf die Chakren hin, die am stärksten auf die Energie des jeweiligen Sternentores reagieren. Wenn du mehr über das Chakrensystem erfahren möchtest, findest du im Anhang unter »Buchtipps« einige Vorschläge.

Du kannst die jeweilige Karte auch unter deinen Wasserkrug, deine Tee- oder Kaffeetasse und unter deinen Teller legen. Wasser und Nahrung nehmen die Schwingung ganz wunderbar auf und bringen sie direkt in deinen Körper. So können alle deine Zellen auch von innen heraus die Informationen aufnehmen.

Für die körperliche Anwendung habe ich gemeinsam mit Beatrix Kramer für jede Sternentoressenz drei Inhaltsstoffe aufgeführt. So kannst du dir mit den einzelnen Naturessenzen auch selbst eine Mischung zusammenstellen.* Stelle die Mischung einige Stunden auf die Karte oder das Bild im Buch, damit die Energien des Sternentores sich mit der Pflanzenkraft verbinden.

Ich empfehle ein Mischverhältnis von drei Tropfen je Essenz auf 25 ml Öl.

Für einen intensiven Energieaufbau kannst du die Essenzen als Massageöl anrühren, indem du sie in ein reines Mandel- oder Jojobaöl gibst. Du kannst dir auch selbst ein Auraspray ansetzen, indem du dir eine Sprühflasche besorgst und die Essenzen in kleinen Mengen mit reinem Wasser mischst (für größere Mengen und eine längere Haltbarkeit benötigst du einen kleinen Anteil reinen Alkohols).

Hierzu empfehle ich ein Mischverhältnis von zwei Tropfen je Essenz auf 50 ml Wasser.

Du kannst die duftende Energie der Sternentore in deiner Aura verteilen, wenn du die Sprühflasche über deinen Kopf hältst und die Essenz von oben auf dich herabrieseln lässt. Brillenträger sollten ihre Brille vorher abnehmen.

Einige Anwendungen werden sich wiederholen, weil sie sehr effektiv wirken und einige Botschaften auf ihre individuelle Weise für das gleiche Lebensthema (zum Beispiel Liebe) zuständig und ausgleichend sind. Wenn dir eine Idee für ein anderes Sternentor ebenfalls passend erscheint, folge deiner Intuition. Du wirst schnell merken, dass du selbst noch neue Möglichkeiten entwickelst, wie du mit den göttlichen Energien umgehen kannst. Lass dich einfach von mir inspirieren, und folge dann deinem Herzen. Die Vielfalt ist unendlich.

*   Solltest du das Öl oder das Spray nicht selbst ansetzen wollen, kannst du beides auch in meinem Engelshop bestellen.

Grundsätzliche Ideen für alle Sternentore

Anwendung im Schlaf

Um die Botschaft eines Sternentores tief zu verinnerlichen, kannst du die entsprechende Karte unter dein Kopfkissen legen. Im Schlaf kommt dein Verstand zur Ruhe, und dein Über- und dein Unterbewusstsein werden aktiv. Die Informationen und Schwingungen können ohne die filternden Muster des Verstandes direkt in deine Zellen fließen. Dort werden sie sanft und liebevoll zu deinem Besten wirken.

Um den Effekt zu verstärken, kannst du abends vor dem Schlafen und morgens nach dem Aufwachen die Botschaft lesen und eine entsprechende Übung machen.

Umgang mit den Naturessenzen

Wenn du dich intensiv mit einer Botschaft befasst, um dein Leben grundlegend positiv zu verändern, kannst du die entsprechenden Essenzen den ganzen Tag bei dir tragen und anwenden. So ist es möglich, zwischendurch immer wieder ein paar Tropfen davon in deine Hände zu geben, zu verreiben und daran zu riechen. Wenn du die Körperstellen kennst, an denen sie jeweils besonders wichtig für dich sind (siehe »Die einzelnen Sternentore in der Anwendung«), kannst du sie regelmäßig einölen. Das Auraspray reinigt deinen äußeren Energiekörper und füllt ihn mit der speziellen Schwingung des Sternentores. Außerdem lassen sich damit auch die Räume energetisieren, in denen du dich aufhältst.

So schwingt die Kraft des Sternentores intensiv durch deinen Körper, während sich dein Geist und dein Verstand mit den Worten und Übungen befassen.

Wenn du dir eine Duftlampe mit deiner Essenz in den Raum stellst, in dem du dich am meisten aufhältst oder meditierst, kann die jeweilige Blüte über deinen Atem in dir wirken.

Als kleine Wellness-Auszeit kannst du einen Esslöffel der Ölmischung ins Badewasser geben und ein Vollbad mit deiner aktuellen Sternentor-Energie genießen. Das Öl wirkt über alle Sinne. Gestalte dein Bad zu einem Fest für die Sinne: mit einer Blume, einer Kerze, einem leckeren Getränk, einem köstlichen Naschwerk und mit Entspannungsklängen. Abschalten, auftanken und in neue Sphären eintauchen ...

Karten am Körper

Damit die Karten am Körper getragen werden können, ist es sinnvoll, sie zu laminieren. So können sie nicht so leicht zerknicken und sind sogar abwaschbar.**

Wenn du im folgenden Kapitel »Die einzelnen Sternentore in der Anwendung« nachgelesen hast, welches Sternentor auf welche Körperstelle wirkt, kannst du die Karte während des Tages dort direkt auf der Haut tragen. Lässt sie sich nicht so gut unter der Kleidung positionieren, kannst du dir in der Apotheke oder Drogerie ein hautfreundliches Klebeband (zum Beispiel Leukoplast) besorgen und damit die Karte fixieren. Spüre bitte gut, ob es deinem Körper gefällt und deine Haut es verträgt. Falls du mit dieser Anwendung nicht so gut zurecht-

** Solltest du die Karten deines Sets nicht laminieren wollen, kannst du in meinem Engelshop gern einzelne laminierte Karten mit der Botschaft auf der Rückseite erwerben.

kommst, lege die Karte lieber nur während einer Meditation auf die Haut oder über der Kleidung an die entsprechende Stelle.

Wasser und Lebensmittel energetisieren

Du kannst die Energie der Sternentore nutzen, um deine Speisen und Getränke damit anzureichern. Das Wasser, das sich in allen Nahrungsmitteln und auch in dir selbst befindet, nimmt die Schwingung besonders gut auf.

Dazu kannst du zum Beispiel die Karten unten in deinen Kühlschrank legen, um die darin verwahrten Lebensmittel aufzuladen. Du kannst sie auch unter deinen Wasserkrug und unter deine Tasse oder dein Glas legen. Außerdem kannst du die Karte während der Mahlzeiten unter deinen Teller legen. Es mag dir am Anfang etwas befremdlich erscheinen. Doch Experimente verschiedenster Wissenschaftler (allen voran Masaru Emoto aus Japan) haben bewiesen, dass Wasser sofort auf Worte und Botschaften reagiert. Und Wasser ist in allen Nahrungsmitteln enthalten. Wenn du also die positive Kraft der Sternentore auf diese Weise weiterleitest, wirst du auch über Nahrung und Getränke ihre Energie aufnehmen.

Massage für Hände und Füße

Alle Energiebahnen, die durch deinen Körper fließen (die sogenannten Meridiane), beginnen und enden in deinen Händen und Füßen. Wenn du mit Liebe und Hingabe deine Hände und Füße mit den entsprechenden Essenzen einölst und massierst, wirst du somit deinen gesamten Körper mit der Kraft des jeweiligen Sternentores erfüllen. Außerdem wirkt diese Anwendung sehr entspannend.

Sie ist sehr gut für Menschen geeignet, die das Wohl aller anderen vor ihr eigenes stellen. Für sie ist die Erkenntnis wichtig: Um rundum glücklich zu sein, gilt es, erst einmal gut für sich selbst zu sorgen. Dann ist ausreichend Kraft und Wohlbefinden da, um auch anderen mit Gelassenheit und Achtsamkeit zu helfen!

Während dieser Massage kannst du dich selbst und deinen Körper intensiv fühlen. Dies ist ein sehr wichtiger Moment, der manchmal schon ein Auslöser für Wunder sein kann.

Besonders schön kann es sein, sich die Hände und/oder Füße von einem geliebten Menschen massieren zu lassen. Dabei kannst du dich ganz auf das Thema einlassen und dir vorstellen, wie das Licht und die Liebe des Göttlichen in dich hineinfließen. Blockaden und Verkrampfungen können sich lösen, du kommst zur Ruhe und kannst dich selbst und dein Leben genießen.

Der Umgang mit Kristallen

Kristalle, Halbedelsteine oder Edelsteine – sie alle kommen aus der Tiefe der Erde, in der sie über Jahrmillionen entstanden sind. Sie tragen reine, gebündelte Energie in sich, die sie an uns Menschen weitergeben können. Ihre Frequenzen schwingen für uns, um unser Energiefeld auf sanfte Weise zu verbessern.

Die Kraft der Sternentore ist für die Seelen der Menschen auf die Erde gekommen. Jedes einzelne Tor möchte – wie die Kristalle – zur Erleichterung und Freude der Seelen wirken. Einige Tore kamen schon im Bündnis mit Botschaften einer bestimmten Kristallform (die Kristall-Sternentore) auf unsere Welt. Doch alle Sternentore gehen in Resonanz mit verschiedenen Stein-Schwingungen. Ich habe sie in den folgenden Einzelbeschreibungen aufgeführt.

Es ist so, dass jeder Mensch ein wenig anders auf Kristalle reagiert. Meine Anregungen können also nur meiner eigenen Erfahrung bzw. der Erfahrung von Menschen entsprechen, die sich viele Jahre mit diesem umfangreichen Thema beschäftigt haben. Es gibt eine Vielzahl an Literatur, in der du weitere Ideen dazu findest (siehe »Buchtipps«).

Am besten ist es, wenn du ein Geschäft ausfindig machst, in dem dich Fachleute dazu beraten können.

Mein wichtigster Einkaufstipp: Nimm den von dir über dein Herz ausgewählten Stein in die Hand. Begrüße ihn in Gedanken und frage ihn, ob er dich im Moment zu deinem Thema unterstützen kann. Spüre in dich hinein, ob er dir guttut. Wenn du ein freudiges Kribbeln in deiner Handfläche und/oder deinem Herzen fühlst, dann ist es in diesem Moment genau der richtige Kristall. Wenn nicht, bedanke dich und lege ihn achtsam und respektvoll zurück.

Einige der Edelsteine, die in den Kristall-Sternentoren schwingen, sind sehr wertvoll und damit teuer. Ich habe aus diesem Grunde eine oder mehrere andere Arten aufgeführt, die eine ähnliche Energie vermitteln und dich ebenfalls sehr gut unterstützen können. Entscheide ganz frei, welcher Kristall gut für dich ist. Der Preis wird nur durch Handels-Spekulationen und die Häufigkeit des Vorkommens bestimmt. Er sagt nichts über die Hilfe aus, die dieser Kristall speziell dir geben kann. Zudem ist die Frequenz des wertvollen Kristalls ja direkt in der Karte und dem Bild enthalten, sodass du nicht unbedingt das Original erwerben musst.

Wenn du einen Helfer-Kristall für dich gefunden hast, so kannst du ihn erst einmal liebevoll reinigen, wenn du heimkommst. Für mich und viele andere Menschen sind Kristalle lebendige Wesen, die mit uns kommunizieren können. Sie vermitteln Weisheit und Liebe. Die meisten Kristalle (bis auf wenige Ausnahmen) lieben es, unter fließendem Wasser gereinigt zu werden. Wenn du ein fließendes Gewässer (Bach oder Fluss) in deiner Umgebung hast, das du leicht erreichen kannst (ohne dich in Gefahr zu begeben), kannst du den Kristall vorsichtig in deiner Hand in die Strömung halten. Lade den Stein ein, alle angesammelte Energie, die er nicht mehr braucht, dem Wasser zu übergeben und sich gründlich zu reinigen.

Wenn es dazu zu kalt ist oder du kein Gewässer in der Nähe hast, kannst du den Kristall auch unter einen Wasserhahn halten und das Wasser ein wenig aufdrehen (bitte nicht zu viel, denn Wasser ist kostbar).

Alle Kristalle, die einen hohen Eisenanteil haben (zum Beispiel Chrysokoll), mögen kein Wasser, weil sie durch den Kontakt oxidieren. (Frage am besten deinen Edelsteinhändler oder lies in einem Fachbuch nach.) Diese Steine kannst du vorsichtig über eine Kerzenflamme oder ein duftendes Räucherstäbchen halten. Das Feuer und der Rauch reinigen sehr gut.

Die Verwendung einer Amethystdruse bietet eine weitere Möglichkeit: Einen oder mehrere Tage darin reinigen den Kristall ebenfalls auf sanfte Weise.

Wenn du dann das Gefühl hast, dass der Kristall frei von den ganzen Erlebnissen seit seinem Weg aus der Erde ans Tageslicht ist, kannst du ihn einladen, dir bei deiner Arbeit mit dem jeweiligen Sternentor behilflich zu sein. Zur Einstimmung kannst du ihn auf die Karte oder das Bild im Buch legen. So gleichen sich die Schwingungen der beiden an.

Jetzt gibt es gleich mehrere Möglichkeiten, seine Kräfte einzusetzen:
  – Du kannst ihn während deiner Meditation in der Hand halten.
  – Du kannst ihn am Tage in der Hosentasche bei dir tragen.
  – Du kannst ihn als Kettenanhänger tragen.
  – Du kannst ihn nachts unter dein Kopfkissen legen.

Alle anderen, individuellen Anwendungen findest du unten in den Einzelbeschreibungen der Sternentore.

Zwischendurch solltest du deinem Kristall immer wieder danken und ihn reinigen, damit er frische Kraft hat, dir zu helfen.
Lege den Kristall, wenn du ihn gerade nicht brauchst, an einen schönen Platz in die Sonne oder auf eine kleine Bergkristalldruse. Dort findet er wieder frische Kraft.

Ich wünsche dir viel Freude mit deinem neuen Freund – oder der Kristallfamilie, die vielleicht daraus entsteht.

Die einzelnen Sternentore in der Anwendung

Das Sternentor des Ursprungs

Thema und Unterstützung bei:
– Spüren des Ursprungs allen Seins
– Erkenntnis: »Das bin ich!«
– innerer Frieden
– heiteres und entspanntes Einssein mit allem, was existiert

Körper:
Scheitel, Herz, Hände

Naturessenzen:
Myrte – im Fluss der Klarheit und Reinheit
Myrrhe – heiteres All-Eins-Sein und transzendentaler Frieden
Geranie – gelassen aus der Mitte leben

Kristall:
Blauer Chalcedon, Bergkristall
Du kannst den von dir gewählten Kristall nutzen, um durch ihn den Zugang zum Ursprung allen Seins zu verstärken. Lege ihn während der Meditation unter deinen Kopf oder auf dein Herz. Stelle dir vor, dass er dein Schwingungsfeld so verstärkt, dass du ganz tief in deine Ursprungsquelle eintauchen kannst. Wenn du ihn während des Tages bei dir trägst, betrachte ihn immer wieder

eingehend. Du wirst spüren können, dass deine Energie sich verstärkt und du ein tieferes Bewusstsein für deine Quelle bekommst. Das bringt dir Frieden und ein tiefes Urvertrauen.

Karte:

Für einen offeneren Zugang zu deiner göttlichen Ursprungsquelle kannst du sie während einer Meditation im Liegen unter deinen Kopf legen. So wird dein Kronen-Chakra gereinigt und geöffnet.

Du kannst die Karte auch auf dein Herz legen. Durch deinen Pulsschlag bist du ebenfalls mit dem gesamten existierenden Schwingungsfeld verbunden. Öffne dein Herz. So kannst du die ganze Kraft des Universums fühlen und dich weit ausdehnen. Dein Energiefeld wird gereinigt und geklärt. Fremde Energien schmelzen von dir ab wie Butter in der Sonne. Es wird Platz geschaffen für all die schönen, stärkenden Schwingungen, die dir für ein glückliches Leben dienen.

Auraspray:

Du kannst zur Öffnung deines Kronen- und Herz-Chakras das Auraspray verwenden. Versprühe den Duftnebel über deinem Scheitel und vor deinem Herzen in deine Aura. Stelle dir vor, wie sich von deinem Scheitel und deinem Herzen ein Lichtkanal weit in den Himmel und ins Universum erstreckt und dich mit allem verbindet, was existiert. Verbinde dich mit deiner Quelle. In ihr ist alle Weisheit, alles Wissen, alle Liebe. Genieße die Verbindung. Das Spray reinigt auch deine Aura, damit die Verbindung frei und entspannt ist. Alles kommt in Fluss.

Massageöl:

Eine kleine Übung:

Mit dem Öl kannst du dir zuerst mit viel Liebe die Hände massieren. Genieße die Entspannung, die dich wieder ganz zu dir selbst zurückbringt. Wenn du beide Hände massiert hast, lege sie überkreuzt auf deine Brust. Spüre intensiv in dich hinein. Atme ganz tief ein und aus. Genieße den wohltuenden Duft des Öles. Dann strecke deine Arme ganz weit aus, und umarme symbolisch die Welt und das ganze Universum. Du bist auf der Erde, um dein Leben zu genießen. Du kannst dem Universum und deinem Ursprung danken und ganz bewusst all die Geschenke und Wunder annehmen, die noch auf dich warten. Um diese Übung zu intensivieren, kannst du dich fest und aufrecht auf den Boden stellen, die Arme empfangend ausstrecken und deutlich sprechen: »Ich nehme die wundervollen Geschenke des Lebens JETZT an. Danke.«

Das Sternentor der Weisheit und Integrität

Thema und Unterstützung bei:
– authentisch sein
– deine Weisheit erkennen
– dich selbst ehrlich fühlen
– Frieden und Klarheit

Körper:
Stirn, Hals, Herz, Füße

Naturessenzen:
Weihrauch – schlägt eine Brücke von der materiellen zur spirituellen Welt
Wacholder – Kraft und Ausdauer, Befreiung von negativen Einflüssen und angestauten Gefühlen
Zitrone – mit Geistesblitzen spielen, Konzentration gepaart mit Leichtigkeit

Kristall:
Amethyst, Blauer Topas
Erkenne dich selbst. Der Amethyst befreit dich gern von alten Glaubenssätzen und dunklen Erinnerungen. Übergib ihm in einer Meditation – oder auch einfach zwischendurch im Alltag – die inneren Energien, die sich angestaut haben. Stelle dir vor, wie er auf deinen Wunsch hin die dunklen, zerstörerischen Kräfte förmlich aus dir heraussaugt. Er sammelt sie in seinem Inneren, und du kannst diese Energie aus ihm hinausspülen, indem du den Kristall dankbar und liebevoll für zwei bis drei Minuten unter fließendem Wasser abspülst. Die dunklen Kräfte werden dann von Mutter Erde wieder in friedliche, leuchtende

Energie verwandelt. Danke dem Kristall und der Erde dafür, dass sie dich befreien. In deiner Meditation kannst du ihn im Liegen auf deine Stirn, dein drittes Auge, legen. Dort klärt er deine Gedanken und alten Glaubensmuster.

Der Blaue Topas klärt und reinigt vor allem den Geist. Er schenkt große Klarheit und bringt dich mit deiner inneren Weisheit in Kontakt. Seine stärkste Wirkung entfaltet er, wie der Amethyst, auf dem Stirn- und dem Kehl-Chakra. Über die geklärte Wahrnehmung deiner selbst kannst du dann später auch ganz deutlich und ehrlich aussprechen, was du willst und brauchst.

Du kannst beide Kristalle in der Meditation und in Situationen, in denen du ganz bewusst du selbst sein willst, in der Hand halten. Fühle ihre Liebe und Unterstützung. Sie helfen dir, den inneren Spiegel deines Selbst zu reinigen, damit du dich voller Klarheit erkennen kannst.
Beide Kristalle sind auch wunderschöne Schmucksteine, die sich in einer Kette oder einem Armband direkt auf der Haut tragen lassen. Dort können sie ebenfalls ihre Wirkung entfalten.

Karte:

Authentisch zu sein, bedeutet, sein gesammeltes Wissen nicht nur zu horten, sondern auch anzuwenden. Besonders Menschen, die den Weg der Seele beginnen, sammeln voller Freude und Neugierde viele Informationen aus Büchern, Seminaren und Vorträgen. Doch Wissen sollte angewendet werden, denn erst dann kann es zu Weisheit werden.
Um dein inneres Wissen in Weisheit zu verwandeln, brauchst du eine tiefe Ehrlichkeit zu dir selbst. Nur du allein bist in der Lage, dich selbst zu erkennen. Lege die Karte auf dein Herz, und lausche in dich hinein. Wo gibt es noch Rollen, die du spielst, um akzeptiert, anerkannt und geliebt zu werden? Welche Masken trägst du noch, um deine innere Zartheit und Verletzlichkeit zu verber-

gen? An welchem Punkt bist du dir deiner selbst noch nicht ganz bewusst oder nicht ehrlich zu dir selbst?

Erkenne, dass du voller Kraft bist. Du kannst weise handeln, indem du einfach du selbst bist. Akzeptiere dich mit allem, was dich ausmacht. Dann akzeptieren und lieben dich auch deine Mitmenschen.

Um das »Tor zur Weisheit« zu öffnen, kannst du während einer liegend durchgeführten Meditation oder auch während eines kleinen Mittagsschlafes die Karte auf deine Stirn legen. So aktivierst du das Stirn-Chakra, dein drittes Auge. Mit ihm erkennst du deine Wahrheit und kannst deine Integrität (lat. integritas »unversehrt«, »intakt«, »vollständig«) ausweiten. Fühle den Kontakt zu deinem Höchsten Selbst. So integrierst du deine Wahrheit in deinen Körper und in deinen Geist. Du dienst dir selbst auf liebevolle und achtsame Weise. Zeige dir selbst, wer du wirklich bist. Dann sehen es auch deine Mitmenschen, und das Zusammenleben wird harmonisch und aufrichtig sein.

Auraspray:

Lege den Kopf leicht in den Nacken, schließe die Augen und versprühe den sanften Duftnebel ca. 30 cm über deiner Stirn und deinem Hals. Stelle dir vor, wie sich dein Drittes Auge, dein Stirn-Chakra und dein Hals-Chakra (ehrliche Kommunikation) öffnen. Du fühlst dich selbst und deine Weisheit. Du bist ganz du selbst und kannst klar aussprechen, was du willst und wer du bist.

Wenn du in deinem Alltag Klarheit und Selbst-Bewusstsein möchtest, nimm das Spray mit, und tanke dich durch einige Sprühstöße intensiv auf. Atme kurz mit geschlossenen Augen tief ein, und spüre dich von Kopf bis Fuß und weit in deine Seelenebene hinein.

Je bewusster du dich selbst wahrnimmst, desto deutlicher erkennen dich auch deine Mitmenschen. Du wirst immer sichtbarer und kannst deine Anliegen deutlich formulieren.

Massageöl:

Mit liebevollen, kreisenden Bewegungen kannst du das Öl auf der Mitte deiner Stirn einreiben. Dein Drittes Auge wird auf diese Weise geweckt, und deine Seelenkraft kann sich immer weiter ausdehnen. Deine Selbsterkenntnis wird immer deutlicher.

Wenn du vor einem wichtigen Gespräch stehst, in dem du ganz klar und ehrlich deine Meinung sagen möchtest, kannst du das Öl sanft auf deinem Hals verteilen. Spüre, wie dein Selbstbewusstsein steigt und die Informationen und Ideen fließen, die du sonst in deinem Herzen versteckt hältst. Du darfst du selbst sein. Erlaube dir, in Liebe auszusprechen, was dir auf dem Herzen liegt.

Du kannst dir auch die Füße mit dem Öl massieren. Dabei kannst du dir vorstellen, wie du auf diese Weise jede Nervenbahn, jeden Meridian, jede Zelle erreichst und mit deiner eigenen Weisheit erfüllst. Fühle dich – jeden einzelnen Aspekt von dir.

Das Sternentor des Findens

Thema und Unterstützung bei:
– tiefe Entspannung, um zu den eigenen Wurzeln zu finden
– Selbstliebe
– aus der Sucht (Suche) in die Liebe (Finden)
– Optimismus und Vertrauen
– verbindet Denken und Fühlen
– ermöglicht einen Neubeginn voller Zuversicht

Körper:
Stirn, Herz, Hände, Füße

Naturessenzen:
Vetiver – tief entspannen und zu den eigenen Wurzeln finden
Fenchel – die goldene Mitte, verbindet Denken und Fühlen
Jasmin – lässt ein Gefühl von Optimismus, Vertrauen und Euphorie entstehen

Kristall:
Dumortierit, Larimar
Der Dumortierit ist der beste »Nimm-es-leicht«-Edelstein. Seine dunkelblaue Farbe, die oftmals von weißen Quarzlinien und kleinen schwarzen Splittern durchzogen wird, bringt dir innere Ruhe. Du kannst das Drama hinter dir lassen, kannst dich selbst wieder spüren und findest aus der Dunkelheit wieder ans Licht.

Der himmelblaue Larimar ist der Traumstein. Er hilft dir, deine Leichtigkeit wiederzufinden und die Wunder zu erkennen, die das Leben dir schenkt.

Beide Edelsteine helfen dir, dich wieder auf die Schönheit deines Seins zu konzentrieren. Sie bringen dir Kraft und Hoffnung, damit du endlich findest, was du die ganze Zeit gesucht hast: dich selbst.
Wähle den Kristall, der dir in dem Moment am meisten Freude macht, wenn du ihn in die Hand nimmst.
Trage ihn so lange bei dir, bis du wieder Freude am Leben hast. Du kannst ihn als Handschmeichler oder als Kettenanhänger möglichst nah an deiner Haut tragen. Beide Edelsteine besitzen eine außergewöhnliche Struktur. Betrachte sie eingehend, und tauche auf diese Weise tief in ihr Wesen ein. So kannst du den Kontakt immer wieder herstellen und dir Antworten auf deine Fragen geben lassen. Lasse dir Frieden und Hoffnung schenken. Du hast es verdient.

Karte:
Um zu finden, was du wirklich suchst, lege die Karte während der Nacht unter dein Kopfkissen. Bevor du einschläfst, kannst du dir vorstellen, dass du in deinen Träumen ganz klar wahrnimmst, was wichtig für dich ist. Programmiere dein Unterbewusstsein, und bitte es, dir die Botschaften so zu senden, dass du sie verstehst. Du kannst diesen Wunsch auch in dein Lebensbuch schreiben und morgens darin deine Erkenntnisse notieren. Am wirkungsvollsten ist es, dies einige Nächte hintereinander zu tun, bis du weißt, in welche Richtung du nun zukünftig gehen wirst und was du verändern möchtest.

In einer Meditation kannst du die Karte auf dein Herz legen, um Antworten zu bekommen. Was suchst du wirklich? Wer bist du? Was möchtest du in deinem Leben erfahren? Die Antworten auf diese Fragen zeigen dir, was du liebevoll verändern kannst.

Du kannst die Karte auch im Alltag an deinem Herzen tragen. Als Frau kannst du sie unter den Träger deines BHs stecken. Als Mann (oder Frau, die keine BHs trägt) kannst du sie, falls es möglich ist, mit Leukoplast über dein Herz kleben. Dort kann die Energie den ganzen Tag wirken.

Auraspray:

Sprühe den duftenden Nebel über deinen Kopf und mit ca. 30 cm Abstand auf dein Herz. Fühle, wie sich deine Aura klärt und reinigt. So kann Raum entstehen für Erkenntnisse und positive Veränderungen.

Massageöl:

Vor allem dein Herz-Chakra kann die Energie des Sternentores nutzen. Um das zu finden, was du wirklich willst, braucht dein Herz Kraft, Mut und Klarheit. Massiere deinen Brustkorb ganz liebevoll und zärtlich mit dem duftenden Öl. Liebe dich selbst in diesem Moment – so, wie du bist. Denn so ist es richtig und gut. Du allein kannst entscheiden, ob und was du in deinem Leben verändern möchtest, um dich gut zu fühlen. Spüre, wie Mut und Klarheit in dein Herz strömen. Der Weg wird bereitet. Du sorgst gut für dich – jeden Tag.

Über deine Füße und deine Hände kannst du ebenfalls deinen ganzen Körper mit dieser Kraft, mit Zuversicht und Liebe füllen. Nimm dir so viel Zeit wie möglich. Du allein kannst dich so verwöhnen und lieben, wie du es brauchst. Fülle dich mit Liebe, Hoffnung und der Gewissheit, dass du es verdient hast, glücklich zu sein!

Das Sternentor der Lebensfreude

Thema und Unterstützung bei:
- einfach Spaß am Leben haben
- sich selbst verwöhnen und vom Leben verwöhnen lassen
- Fülle und Glück
- unbeschwert genießen
- im Alltag Leichtigkeit finden
- Lachen
- den Tanz des Lebens tanzen

Körper:
Bauch, Hände

Naturessenzen:
Geranie – die rosigen Seiten des Lebens sehen
Orange – Fülle und Glück
Grapefruit – die Lebensfreude spüren

Kristall:
Jaspis (in jeder Farbe), Mookait
Beide Kristallarten gibt es in einem wunderschönen Farbspektrum, das du auch im Bild des Sternentores findest. Von einem cremigen Weiß über ein leuchtendes Gelb bis hin zu einem tiefen Orange. Beide Arten füllen die Chakren deines Bauches mit Freude und Wohlgefühl. Sie dienen dir dazu, dich mit deinen Gefühlen und deinem Glück zu verbinden. Sie möchten mit dir spielen und dir deine Leichtigkeit zurückgeben.

Fühle, welcher Kristall im Moment den Weg in deine Lebensfreude mit dir gehen möchte. Lausche seiner Geschichte, seiner Weisheit. Jaspis und Mookait sind sehr dichte, kraftvolle Steine, die dich tief mit der Liebe der Erde verbinden. Lebensfreude entsteht aus einem Gefühl von Geborgenheit und Sicherheit heraus. Wenn du dich in deinem Leben wohlfühlst, kannst du es viel besser genießen. Dein Stein hilft dir, gute Ideen zu entwickeln, wie du eine herrliche Zeit auf Erden verbringen kannst. Er unterstützt dich, gut für dich zu sorgen und deine Zeit mit Menschen und Ereignissen zu verbringen, die dich nähren und deine Energie auffüllen.

Wenn du deinen Kristall auf deinen Bauch legst, kommst du sehr gut mit deinem Bauchgefühl in Kontakt. Dein Bauch ist der Sitz deiner Intuition. Dort liegt eine tiefe Weisheit, und du kannst dich von ihr inspirieren lassen, wie du noch mehr Lebensfreude entwickeln kannst.

Trage deinen Kristall so lange bei dir, bis du dich rundum mit deiner ganz speziellen Freude vertraut gemacht hast, damit du sie immer und überall in dir fühlen kannst.

Karte:

Du kannst die Karte beim Meditieren auf deinen Bauch legen. Fühle, wie die Energie des Sternentores deine Organe sanft umspült und weich prickelnd mit neuer Kraft erfüllt. Lebensfreude ist ein umfassendes, wichtiges Gefühl. Es nährt dich und dein ganzes Leben. Diese besondere Freude ist die Basis dafür, gern hier auf der Erde sein zu können. Fühle das in deinem Bauch. Du bist wichtig hier in dieser Welt. Ohne dich würde etwas fehlen. Dein Leuchten und dein Lächeln macht anderen Menschen große Freude.

Spüre, wie sich Wärme in dir ausbreitet. Stelle dir vor, du bist an deinem Lieblingsort und genießt es, einfach du selbst zu sein. Kuschel dich ein in ein Gefühl von Glück. Freude und Glück sind immer in dir. Es gilt nur, sie zu fühlen.

Auraspray:

Sprühe den Duft in deine gesamte Aura. Entzünde das Licht der Freude in dir und lass es weithin sichtbar leuchten. Fühle die Freude, die sich in dir ausbreitet!

Massageöl:

Um die Basis deiner Freude zu nähren, kannst du dir immer wieder – am besten morgens und abends – voller Liebe den Bauch massieren. Stelle dir vor, dass du jedes Organ mit Spaß und Leichtigkeit erfüllst. Das Leuchten der Lebensfreude fließt von deiner Körpermitte in jeden Bereich deines Seins und aus dir heraus in die Welt.

Massiere auch hingebungsvoll deine Hände. Sie erschaffen die Freude und bringen sie in dein Leben. Von deinen Händen aus fließt das Glück in alle deine Zellen und füllt sie mit Licht, Liebe und leuchtendem Bewusstsein.

Das Sternentor der Fülle

Thema und Unterstützung bei:
- Fülle auf allen Ebenen
- innere Größe
- die Kraft, eigene Wege zu gehen
- Veränderung alter Glaubensmuster
- Befreiung
- sich von der Fülle der Heiterkeit anstecken lassen

Körper:
gesamter Bauch, Herz, Hände, Füße

Naturessenzen:
Zeder – vom Baum der Kraft lernen; innere Größe
Patschuli – erzeugt die Kraft, eigene Wege zu gehen
Jasmin – ein Fest der Sinne; Engel der Fülle

Kristall:
Imperialtopas, Rubin, Gold
Fülle steht dir zu – so wie jedem Menschen auf Erden. Deine Definition von Fülle ist sehr speziell. Sie hängt zusammen mit der Kultur, in der du aufwächst, mit den Menschen, die dich umgeben, und mit deinen tiefen Wünschen.
Alle drei Steine möchten dir helfen, deine ureigene Definition von Fülle zu finden, sodass du sie einladen und glücklich und zufrieden leben kannst. Fülle braucht in dir einen Raum, um sich auszudehnen. Wenn du mehr Platz für Mangel in dir hast, kann die Fülle nicht einziehen.

Der Imperialtopas ist ein leuchtend gelber Kristall, der in seiner ursprünglichen Rautenform meist mit geriffelten Kanten angeboten wird. In ihm leuchten die Fülle der Sonne und die Wärme und das Gold der Erde. Er füllt deinen Solarplexus mit Selbstvertrauen und dem Bewusstsein, dass du es verdient hast, in der Fülle zu leben, die dir gefällt.

Der Rubin ist ein machtvoller roter Kristall, der dich tief in das Erdenherz einlädt, um mit dir zusammen daraus eine große Fülle in dein Leben zu holen. Mutter Erde ist pure Fülle. Schönheit, Kraft und Liebe wohnen in ihrem Herzen und auf ihrer Oberfläche. Der Rubin erinnert dich an deine eigene Größe und Macht. Er möchte dich darin unterstützen, sie zu deinem Wohle und zum Wohle aller einzusetzen.

Gold ist immer schon ein Symbol für Fülle und Reichtum auf dieser Welt gewesen. Auch heute noch misst man den Reichtum eines Landes an seinen Goldvorräten. Es schmückt die Menschen und zeigt, was sie besitzen und sich wert sind. Seine warme Farbe, seine glatte Oberfläche und sein leuchtender Glanz erinnern dich daran, dir selbst deinen wahren Wert zu zeigen. Fühle deinen Selbstwert, und bringe ihn auf einen Stand, der dir angemessen ist.

Wähle aus den genannten Edelsteinen den aus, der dir mit dem Gedanken an vollkommene Fülle das beste Gefühl vermittelt. Sie sind alle sehr wertvoll, was den materiellen Wert betrifft. Ihre individuelle Kraft ist jedoch so groß, dass du auch mit einem kleinen Exemplar eine starke Wirkung erzielen kannst.
Mit ihnen allen kannst du die vielen Vorschläge, die ich in der Einleitung dieses Kapitels gemacht habe, ausprobieren. Fühle hinein, was dir am meisten gefällt, und dann lasse dich auf das Spiel mit deinem Kristall ein!

Karte:

Um ganz in der Fülle des Lebens mit all seinen Aspekten zu sein, braucht es dein Ur-Vertrauen. Dieses kannst du in deinem Basis-/Wurzel-Chakra nähren, indem du dich während des Meditierens auf die Karte setzt. So wirkt die Energie von deiner Chakra-Basis aufwärts, aber auch in deine Beine und Füße. Stelle dir zusätzlich vor, wie eine golden glitzernde Schwingung durch jede deiner Zellen fließt. Sie füllt dich mit allem auf, was du dir wünschst: mit Liebe, Glück, Reichtum auf allen Ebenen, Erfolg, Anerkennung usw.

Wenn die Karte auf deinem Herz-Chakra liegt, kannst du dein Herz nähren. Sollte es noch klein und ängstlich sein, kannst du es mit dieser Energie groß und stark machen. Es wird zu einem Zentrum der Macht, denn dies ist seine Bestimmung. Die Macht und Schöpferkraft liegt in deinem Herzen. Nähre es, und unterstütze dich selbst damit, dein Leben voller Bewusstsein zu lenken.

Während des Tages kannst du diese Karte auch in deiner hinteren Hosentasche bei dir tragen. So wirkt sie ebenfalls aus deiner Basis heraus. Lies dir zwischendurch immer wieder die wundervolle Botschaft der Fülle durch, damit auch dein Verstand erkennt, wie wertvoll dein gesamtes Sein ist.

Zum Thema »Fülle« kannst du die Karte auch abends unter dein Kopfkissen legen. Stelle dir vor, wie sie im Schlaf alle blockierenden Glaubensmuster in unterstützende, hilfreiche Glaubenssätze verwandelt.

Auraspray:

Nutze das Spray, um die alten Glaubensmuster aus deiner Aura zu waschen. Dieser duftende Sprühnebel symbolisiert Fülle auf allen Ebenen – erfülle dein Energiefeld und deine Räume mit diesem unendlichen Reichtum, der dir zusteht. Mit jedem Sprühstoß machst du dich und dein Umfeld zu einem Magneten für die Geschenke des Lebens und seine Wunder.

Massageöl:

Fülle-Energie kann der ganze Körper gut vertragen. Doch auch hier gilt, dass besonders der gesamte Bauch und das Herz zuerst genährt werden können, damit sich von dort die Energie auf alle Zellen überträgt.

Wenn du dich zwischendurch von jemand anderem massieren lassen kannst, lasse dir das Öl in den Rücken massieren. Vor dort aus werden alle Haupt-Chakren erreicht.

Durch die Massage von Händen und Füßen schenkst du dir selbst eine Wohltat. Du schenkst dir den Reichtum an Aufmerksamkeit und Liebe, den du dir vielleicht auch von außen wünschst. Schenke dir selbst das, was du gern von anderen hättest. Fülle beginnt in dir. Aus innerem Reichtum kann dann auch äußerer Reichtum erwachsen.

Du kannst dich insgesamt während des Ölens und Massierens ganz auf das Thema einlassen. Du kannst meditieren, dir deine wahren, tiefen Träume und Visionen vorstellen und dich intensiv in sie hineinfühlen.

Wie fühlt es sich an, wenn du am Ziel deiner Träume bist? Wie fühlt es sich an, in der Fülle zu sein, die du dir wünschst? Mit diesen schönen, glücklichen Gefühlen gibst du dem Leben neue Signale. Es kann dir endlich das schenken, was dir immer schon zustand.

Das Sternentor der bedingungslosen Liebe

Thema und Unterstützung bei:
- Selbstliebe
- Vertrauen in die ewige, göttliche Liebe
- Entspannung und Hingabe
- Kontrolle loslassen
- Sinnlichkeit
- Tanz ins Licht

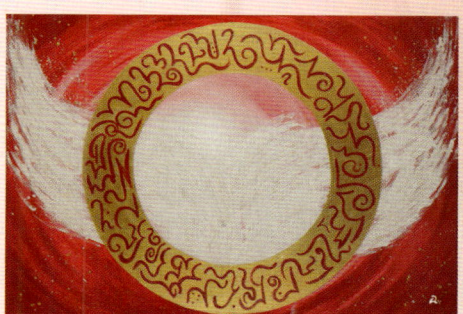

Körper:
gesamter Körper, v. a. Herz

Naturessenzen:
Rose – schenkt Mut zur Liebe, Selbstliebe
Myrte – erleichtert das Loslassen
Bergamotte – »Komm aus der Dunkelheit, und tanze ins Licht!«

Kristall:
Rosenquarz
Der Rosenquarz ist der bekannteste »Liebeskristall«. Seine zartrosa Farbe inspiriert einfach dazu, sich ganz und gar für die Liebe zu öffnen. Er berührt das Herz auf einzigartige Weise und zaubert ein Lächeln auf das Gesicht. Gleichzeitig trägt er eine verspielte Leichtigkeit in sich, die dir erlaubt, dein inneres Kind voller Glück tanzen zu lassen.
Der Rosenquarz symbolisiert die bedingungslose Liebe am besten. Wenn du ihn in der Hand hältst oder betrachtest, fühlst du förmlich, wie dein Herz und

dein ganzes Wesen sich für die Liebe öffnen. Du hast es verdient, auf allen Ebenen geliebt zu werden, ohne dass du etwas dafür tun musst. Deine Schöpferquelle lässt Tag und Nacht Liebe zu dir fließen. Es ist an dir, dich dafür zu öffnen. Bitte deinen Kristall, dir dabei zu helfen, diese Liebe wahrzunehmen. Öffne dein Herz, und lasse die herrliche leuchtende Liebe hereinfließen, bis sie überquillt und jede einzelne Zelle deines Körpers auffüllt. Du bist ein Wesen, das aus Liebe geboren wurde. Egal, was das Leben auf der Erde dich gelehrt hat – es war ein Akt der Liebe, aus dem du dich entschieden hast, in deinen Körper zu kommen. Du bist eine göttliche Seele in einem menschlichen Körper. Du hast es verdient, von innen heraus in Liebe zu leuchten.

Dein Kristall wird dich gern dabei unterstützen. Besonders nahe deinem Herzen schenkt er dir Kraft. Du kannst mit ihm meditieren, ihn befragen und auf seine Antworten lauschen. Er hüllt dich in eine Aura aus weichem, glücklichem Gefühl. Trage ihn bei dir und erinnere dich daran, was für ein wundervolles Geschöpf du bist.

Karte:

Der wichtigste Ort für diese Energie ist das Herz. Über dessen zentrales Chakra bist du immer mit der göttlichen, ewigen Liebe verbunden. Aus dieser Quelle fließt sie beständig durch dein Herz in dich herein. Sie nährt dich, wenn du es annimmst. Lies dir die Botschaft aufmerksam durch, und fühle ihre Bedeutung. Dann lege die Karte auf dein Herz, und öffne es voller Vertrauen für die Kraft, die dich am Leben erhält. Mache es weit, und befreie es von der Enge deiner Muster und Glaubenssätze. Dehne seine Schwingung immer weiter aus, und verbinde dich mit dem unendlichen Fluss der bedingungslosen Liebe. Du wirst IMMER geliebt! Wenn du dies in dir zur Gewissheit reifen lässt, fließt dir die Liebe auch im Leben aus allen Ebenen zu.

Auraspray:

Erfülle deine gesamte Aura mit bedingungsloser Liebe. Wenn du irgendwo einen Stau oder eine Blockade spürst, kannst du diese Stelle mit besonders viel Achtsamkeit besprühen und dir vorstellen, wie sie immer freier und lichtvoller wird. Bringe dich selbst wieder in Fluss. Dann kann die Liebe zu dir kommen.

Massageöl:

Reibe das Öl voller Liebe und Freude auf dein Herz-Chakra. Stelle dir vor, wie die tiefe Liebe in dich hereinströmt und wie wundervolle glitzernde Energie durch jede deiner Zellen fließt.

Natürlich kannst du auch deinen gesamten Körper liebevoll einölen, sodass die nährende, glückbringende Kraft komplett durch dich hindurchfließen kann.

Dein ganzes Sein lebt von der Schwingung der bedingungslosen Liebe. Sättige dich mit ihr.

Das Sternentor der Herzöffnung

Thema und Unterstützung bei:
- Selbstliebe und Mut
- die rosigen Seiten und Wunder des Lebens sehen
- Optimismus und Urvertrauen
- Wärme

Körper:
Herz, Solarplexus (auch »Sonnengeflecht« genannt, Magen-gegend)

Naturessenzen:
Rose – das Geheimnis des Herzens finden, Selbstliebe
Sandelholz – weich wie Samt und Seide; erdend
Geranie – die rosigen Seiten sehen

Kristall:
Herz: Grüner Aventurin, Peridot, Grüner Turmalin
Solarplexus: Citrin, Gelber Jaspis

Die grünen Kristalle verleihen jedem Menschen viel Kraft für das Herz. Sie haben jeweils unterschiedliche Aufgaben, doch es ist immer der Austausch mit dir, der die Aufgabe definiert. Lege deinen ausgewählten Kristall so oft du kannst voller Liebe und Hoffnung auf dein Herz. Stelle dir vor, wie die Energie der Erdenmutter und die Schwingung des Kristalls in deinen gesamten Brustkorb strömen. Sie nähren dich, bringen das Eis zum Schmelzen, heilen die alten Wunden und geben dir Zuversicht. In dir entsteht ein heiliger Raum, der sich vollkommen rein anfühlt. Ein Raum, der stabil und durchlässig zugleich ist. Dein Herz ist geschützt und stark, sodass du diesen Raum stets offen halten kannst für all die Geschenke und Wunder, die auf dich warten – für die Liebe und die schönen Gefühle, die du noch erleben kannst. Ein offenes Herz ist der – im wahrsten Sinne – ausschlaggebende Bereich, der dir zu ganz viel Weisheit, Heilung und Liebe verhelfen kann.

Die gelben Kristalle dienen dir dazu, dich mit Selbstvertrauen und Selbstbewusstsein zu nähren. Um ein offenes Herz haben zu können, sind diese beiden Eigenschaften besonders wichtig.
In liegender Position kannst du deinen ausgewählten Kristall auf deinen Solarplexus legen. Schließe die Augen, und stelle dir unsere Sonne vor. Sie ist unsere Wärme- und Lebensspenderin. Aus ihr fließt unendlich starke Kraft, die sich nun in deinem Kristall bündelt und in dich hereinströmt. Du wirst von oben bis unten mit pulsierender Wärme, Leuchtkraft und Selbstbewusstsein erfüllt. Du kannst erkennen, wie einzigartig du bist. Du fühlst, dass du alles tun kannst, was du willst. Deine Tatkraft ist gestärkt. Handle nun, wie du es für richtig erachtest. Vertraue deinem Instinkt, deiner Intuition und deinem Herzen, das ebenfalls durch diese Meditation gestärkt wird. Du bist in tiefem Kontakt mit dir selbst und weißt, was zu tun ist.

Danke deinem Kristall nach der Meditation, reinige ihn, und lege ihn in die Sonne oder auf eine Bergkristalldruse, um ihn wieder aufzuladen.
Im Alltag kannst du den Kristall bei dir tragen und immer wieder in der Hand halten, um dich daran zu erinnern, dass du stark bist und dein Herz beschützt ist. Das gibt dir Mut, auch in heiklen Situationen bei dir zu bleiben und dein Herz offen zu halten, damit alles zu deinem Besten verlaufen kann. Alle Kraft ist in dir!

Karte:

Zur Herzöffnung empfehle ich dir, die Karte voller Vertrauen so lange bei dir zu tragen, im Schlaf unter dein Kopfkissen zu legen und die Botschaft zu lesen, bis du das Gefühl hast, dass du dein Herz ohne Scheu frei zeigen kannst. Das Herz zu öffnen, ist eine der wichtigsten Aufgaben für die Neue Zeit. Wenn dein Herz offen ist, kannst du dich über deine Puls-Schwingung mit dem Energiefeld der Erde, des Universums und der universellen Schöpferkraft verbinden (siehe Kapitel »Das Zentrum deines menschlichen Seins öffnen: ›Das Sternentor der Herzöffnung‹«). Du kannst ganz bewusst dazu meditieren, dich verbinden und währenddessen die Karte auf dein Herz legen. Lies dir vorher das oben genannte Kapitel und gern auch die Botschaft und Bedeutung des Sternentores durch. Dann hast du den Mut und die Kraft, diesen entscheidenden Schritt in deiner Entwicklung zu tun.

Auraspray:

Um dich von den Schwingungen deiner Vergangenheit (und den damit verbundenen Ängsten und Sorgen) zu reinigen, kannst du den duftenden Nebel in deiner gesamten Aura verteilen. Danach kannst du das Spray auf dein Herz-Chakra und deinen Solarplexus sprühen, um diese beiden Energiezentren besonders zu stärken und zu öffnen für die positive Kraft und die Liebe der göttlichen Quelle.

Massageöl:

Mit dem Öl kannst du deinen gesamten Brustkorb in langsamen kreisenden Bewegungen massieren. Spüre in dich hinein, welche Kreisrichtung gut für dich ist. Man sagt, dass die Chakren-Energie sich dreht – je nach Zentrum nach links oder rechts. Fühle hinein, was dir am besten gefällt. Du kannst auch einen lieben Menschen bitten, dir den oberen Rücken mit dem Öl ebenfalls in Kreisbewegungen zu massieren. Genieße es, dich selbst zu fühlen und berührt zu werden.

Das Sternentor des Einklangs

Thema und Unterstützung bei:
– im Einklang mit sich selbst und der Schöpfung sein
– Freude am eigenen Selbst
– tiefer innerer Frieden
– Geborgenheit
– Lebensfreude
– Vertrauen

Körper:
gesamter Bauchbereich, Herz

Naturessenzen:
Lavendel – Ruhe und Gelassenheit, tiefer innerer Frieden
Kamille, röm. – Geborgenheit, Schutz
Vanille – eingehüllt in süße Geborgenheit

Kristall:
Citrin, Orangencalcit
Beide Kristalle tragen das goldene Sonnenlicht und die Wärme der Erde in sich.
Sie geben dir ein Gefühl von Geborgenheit und Glück. Sie füllen dich auf mit
Selbstwert und Selbstvertrauen.
Spiele mit deinem Kristall! Singe mit ihm, fühle ihn, schaue ihn dir genau an.
Er hat bestimmt viele spannende Facetten, in die du eintauchen kannst. Wenn
du die Hand um den Kristall schließt, stelle dir vor, wie dich seine Energie mit
leuchtender Schwingung durchflutet. Du beginnst zu strahlen, deine Aura er-

weitert sich und verbindet sich mit dem großen Ganzen. Alles in dir kommt zur Ruhe und öffnet sich deinem Ursprung.

Wenn du möchtest, kannst du zusammen mit deinem Kristall das »OM« singen. Es ist egal, in welcher Tonlage du singst. Es ist einfach ein großartiger Ton, der alles in dir zum Schwingen bringt. Dein Kristall gibt dir das Selbstbewusstsein und hilft dir gern, deinen eigenen kraftvollen Ton zu erzeugen, der alle Zellen in dir in freudiges Summen versetzt.

Karte:

Um in Einklang mit sich selbst zu kommen, braucht es tiefe innere Bereitschaft. Es braucht eine große Offenheit, sich mit allem zu verbinden, was existiert. Es ist ein herrliches Gefühl, in einer großen, liebevollen Gemeinschaft von Seelen zu sein, die frei von irdischen Ansprüchen, Gefühlen und Spielen ist. Wenn du dich über deine Seele mit anderen Seelen verbindest, schwingst du wieder in der ursprünglichen Frequenz, in der du schon immer warst. Du kannst deinen Körper verlassen, wenn du so hoch im Einklang schwingst, doch vergiss ihn nicht. Du bist auf die Erde gekommen, weil DU es wolltest. Solange dein Körper lebt, ist es deine ehrenvolle Aufgabe, dein Leben zu genießen.

Wenn du im Einklang mit dir selbst sein möchtest, kannst du die Karte im Sitzen oder Liegen auf deinen Bauch legen oder mit der Hand darauf halten. Dann summe in der Lautstärke, die dir angenehm ist, ein »OM«. Dies ist der Urton, der dich energetisch wieder in Fluss bringt (mehr Informationen dazu im Buch Sternentore). Summe oder singe das »OM« so oft und so lange du willst. Verbinde dich dabei mit allem, was existiert.

Spüre das kraftvolle Vibrieren in deinem Bauch. Es rüttelt alle Zellen wach, lässt die Energie in jeden Winkel deines Körpers fließen und erhöht dein Schwingungsfeld. Du beginnst, von innen heraus zu leuchten. Dein Licht setzt ein Zeichen in dieser Welt. Je mehr die Menschen ihr Licht zeigen, desto mutiger können sie für ihren Weg einstehen und ihn voller Glück gehen. Zeige dein Licht, und verströme es in die Welt.

Zudem reinigt das Singen des »OM« auch Räume von alter Energie.

Du kannst es auch beim Spazierengehen, bei der Arbeit, bei der Hausarbeit usw. summen oder singen. Spüre, wie dir alles leichter fällt und du dein Herz für frische Energie, Liebe und Informationen aus dem Quellbewusstsein öffnest.

Auraspray:

Summe das »OM«, und sprühe den Duft dabei in deine Aura. Deine Energie kann sich befreien und ausdehnen. Sprühe es auf dein Herz und deinen Bauch, um dort die Chakren zu aktivieren. Fühle dich selbst mit dir und allem Sein im Einklang. Spüre den tiefen Frieden und die Freude.

Massageöl:

Mit dem Öl kannst du ganz wunderbar deinen Bauch und Brustkorb massieren – am besten, bevor du meditierst und abends vor dem Schlafengehen. Wenn dir der Duft des Öles gefällt, kannst du auch deinen ganzen Körper damit einölen, zum Beispiel nach dem Duschen. Dies schenkt deiner Haut viel Feuchtigkeit und Nährstoffe, während du dir gleichzeitig vorstellen kannst, dass die pure Kraft des Einklangs durch die Haut in jede Zelle strömt. Summe oder singe dabei das »OM« so laut du magst. Dehne dein Energiefeld ganz weit aus, und fühle, wie du von innen heraus zu leuchten beginnst.

Das Sternentor der Heilung

Thema und Unterstützung bei:
- Heilung von Wunden aller Art bis zurück in die Kindheit
- heilende Kraft von Mutter Erde
- tiefes Spüren des Seins
- Hoffnung und Freude

Körper:
gesamter Körper, v. a. Herz, Solarplexus, Hände, Füße

Naturessenzen:
Myrrhe – heilt seelische Wunden (auch aus der Kindheit)
Narde – flößt Herz und Seele Hoffnung ein
Benzoe – Haut und Seele »in Samt hüllen«

Kristall:
Prasem, Malachit, Grüner und Gelber Turmalin
Alle genannten Kristalle sind natürliche Verstärker deiner Selbstheilungskräfte. Sie dienen dir dazu, dich voller Freude und Liebe auf die Heilung auf allen Ebenen deines Seins zu konzentrieren. Wähle den Stein aus, der dir die meiste Energie vermittelt.

Nutze deinen Kristall als Fokus, um Kontakt mit deinen Körperzellen herzustellen. Dadurch kannst du dein Immunsystem aktivieren und dich ganz der Heilung hingeben. Sprich mit deinem Edelstein, und bitte ihn um Unterstützung,

damit deine Zellen sich neu ordnen und ihren Ursprungsbauplan wiederher-
stellen können. Stelle den Kontakt zwischen der Schwingung des Steines, dem
Sternentor der Heilung und deinen Zellen her. Du kannst dazu den Kristall auf
die Stelle legen, an der dein Körper Heilung braucht, oder einfach auf dein Herz.
Von da aus kann die Energie überall hinfließen, wo sie gebraucht wird.
Lade deinen Kristall immer wieder mit der Kraft des Sternentores auf, indem
du ihn nach der Anwendung sorgsam reinigst und dann auf das Bild legst. So
versorgt er deinen Körper immer wieder mit frischer, heilsamer Schwingung.

Karte:

Anwendung zur Körperheilung:
Wenn du in einer Phase der Gesundung bist und vollständige Heilung wünschst, kannst du die Karte den ganzen Tag bei dir tragen. Sie unterstützt dich,
indem sie dich mit ihrer Energie erfüllt. Lies dir die Botschaft mehrmals am Tag
durch, und sprich dazu auch die Affirmation des Sternentores: »Ich bin heil.
Alles, was mich ausmacht, schwingt in Liebe und Harmonie miteinander. Ich
liebe mich selbst und mein Leben.«
Du kannst die Karte auf die Stelle deines Körpers legen, die der Heilung bedarf.
Nutze so oft wie möglich eine Phase der Ruhe. Spüre in dich hinein, was dein
Körper jetzt dringend braucht und wie du dich selbst wieder zurück auf deinen
Seelen-Weg bringen kannst. Eine Phase der Krankheit ist ein wichtiges Warnsignal deines gesamten »Körper-Geist-Seele«-Wesens. Sorge gut für dich, und
lass dich von der heilsamen Kraft und Weisheit des Sternentores ganz bewusst
durchfluten.

Anwendung zur Vorbeugung:
Wenn du gesund bist, ist dieses Sternentor ein guter Hinweis. Es lässt dich auf-
horchen. Spüre aufmerksam in dich hinein. Sorgst du derzeit gut für dich? Bist
du dir selbst deine beste Freundin/dein bester Freund? Funktionierst du nur?

Oder bist du ganz bewusst in deinem Körper und achtest auf seine Signale? Diesen Fragen kannst du während einer Meditation nachspüren. Dabei kannst du die laminierte Karte auf dein Herz legen und die heilsame, hilfreiche Energie in dich hereinfließen lassen.

Unter deinem Kopfkissen ist die Karte eine gute Unterstützung für bewusstes Träumen. Auf diese Weise kannst du tiefe Weisheit aus deinem Unterbewusstsein und von deinem höheren Selbst aufnehmen und umsetzen.

Auraspray:

Zur körperlichen und geistigen Heilung kannst du mit dem Spray immer wieder deine Aura reinigen und dein Energiefeld auffrischen. Außerdem kannst du die Körperstelle, die erkrankt ist, mit dem Spray in der Heilung unterstützen.

Bitte nicht in frische Wunden sprühen! In diesem Fall ist die laminierte, saubere Karte besser, die du unter oder über die mit Pflaster oder Verband versorgte Wunde legst.

Wenn du schon gesund bist, hält das Auraspray dein Energiefeld stabil und löst Blockaden bereits in den Ansätzen, wenn du es wünschst. Es hilft dir, in kritischen Situationen ganz bewusst bei dir zu bleiben und gut für dich zu sorgen.

Massageöl:

Anwendung zur Körperheilung:

Jede liebevolle, bewusste Zuwendung, die du deinem Körper schenkst, ist eine Unterstützung zur Heilung. Jeder liebevolle Gedanke, jedes dankbare Wort, das du zu deinem Körper und all seinen Zellen sprichst, hilft ihm, gesund zu werden. Dein Körper besteht aus vielen Millionen kleiner, bewusster und intelligenter Zellen. Statt auf das Warnsignal zu schimpfen, weil es wehtut oder dich bei einer Tätigkeit behindert, solltest du diesen Zellen danken, dass sie dich auf etwas Wichtiges hinweisen.

Weder dein Körper noch das Leben selbst sind gegen dich. Im Gegenteil: Alles wirkt FÜR dich. So kannst du deinen Teil dazu beitragen, indem du genau hinhörst und hinspürst. Massiere und streichle die Stellen voller Liebe und Dankbarkeit, die es jetzt am dringendsten brauchen. Auf diese Weise bekommt dein Körper die wichtigen Impulse, die er jetzt gerade so dringend benötigt.

Die Essenzen und auch das Öl dringen durch die Haut an die Stellen, die Unterstützung brauchen. Je öfter du deinen Körper massierst und einölst, desto stärker wird das Energiefeld an dieser Stelle. Frische Kraft durchflutet die Zellen, und Liebe durchströmt sie. Das ist Heilung!

Achtung, auch hier gilt: Das Öl bitte nicht auf frische Wunden geben! In diesem Fall ist die Karte besser, die du unter oder über die mit Pflaster oder Verband versorgte Wunde legst.

Anwendung zur Vorbeugung:

Wenn du das Sternentor der Heilung gezogen oder gewählt hast, braucht dein Körper Aufmerksamkeit. Finde in einer Ruhephase und/oder Meditation heraus, was gerade für dich wichtig ist und wo dein Körper Unterstützung braucht. Vielleicht bist du am Tag viel unterwegs, und deine Füße freuen sich über eine kleine Massage. Oder du arbeitest viel mit den Händen und Armen. Dann werden diese glücklich über Zuwendung und eine schöne Ölbehandlung sein. Dies gilt für alle Stellen des Körpers.

Je achtsamer du in dich hineinfühlst, desto besser fließt die Energie durch deinen Körper. Energie folgt der Aufmerksamkeit. Wenn du dich intensiv massierst, den Duft atmest und die Berührung genießt, entspannt sich dein Körper bis in die kleinste Zelle. Heilung geschieht, bevor Krankheit geschieht. Das ist wahres bewusstes Handeln!

Das Sternentor des Friedens

Thema und Unterstützung bei:
– innerer Frieden
– Geborgenheit und Ruhe
– in die eigene Mitte finden
– friedliche Kommunikation

Körper:
Kopf, Herz, Hals

Naturessenzen:
Vanille – eingehüllt in süße Geborgenheit
Lavendel – schafft Klarheit im Leben; die eigene Mitte finden
Jasmin – Harmonie

Kristall:
Bergkristall, Blauer Chalcedon, Coelestin, Türkis
Alle genannten Kristalle wirken wohltuend und öffnend auf dein Hals-Chakra. Sie bringen Klarheit und Frieden in deinen Kopf und in dein Herz. Deine Gefühle können zur Ruhe kommen, die Wogen des Lebens können sich glätten, und Frieden kehrt ein.

Lege deinen ausgewählten Kristall während einer stillen Meditation dort auf deinen Körper, wo du am meisten Frieden brauchst. Lege ihn zum Beispiel auf deinen Kopf, wenn die Gedanken durcheinandergeraten sind, oder auf das Herz, wenn du Frieden für dein gesamtes Leben wünschst.

Wenn du dir ein friedliches Gespräch wünschst, lege ihn vorher einige Zeit auf deinen Hals oder trage eine Kette aus einer dieser Kristallformen.

Karte:

Frieden findest du am besten in der Stille und Ruhe. Erschaffe dir einen friedvollen Raum, in dem du dich selbst wieder ganz in deine Mitte bringen kannst. Nutze die Karte, um zuerst die Botschaft zu lesen und zu spüren. Dann lege die Karte an die Stelle, die – symbolisch oder körperlich – am meisten Frieden braucht (Kopf, Herz, Bauch etc.). Schließe die Augen, und stelle dir vor, wie in dir ein Raum des Friedens entsteht. Sanfte, vollkommen ruhige Schwingung breitet sich dort aus und erfüllt dann langsam dein ganzes Sein. Du bist ganz bei dir. Frieden entsteht immer erst in dir, dann im Außen. Sorge gut für dich, denn wenn du im inneren Frieden bist, wirst du im Außen Situationen erschaffen und Menschen anziehen, die ebenfalls friedlicher Natur sind. Alles beginnt immer in dir.

Wenn du eine Situation vor dir hast, in der du dir Frieden wünschst, nimm die Karte mit. Stecke sie einfach in die Hosentasche, oder trage sie am Körper auf der Haut (zum Beispiel im BH). Von dort aus unterstützt und stärkt dich die Energie des Sternentores.

Auraspray:

Stelle dich ganz bewusst innerlich auf Frieden ein. Dann sprühe den Duft in deine Aura. Fühle, wie der Frieden ganz sanft in dir und um dich herum entsteht. Deine Aura klärt und verfeinert sich. Sie beginnt wieder zu leuchten. Du kannst das Spray vor allem in Situationen nutzen, die du friedlich regeln möchtest. Dazu kannst du, falls dies möglich ist, auch den Raum mit dem Duft erfüllen. Das hilft allen Beteiligten, im inneren Frieden zu bleiben und in Liebe zu kommunizieren.

Massageöl:

Spüre in dich hinein, wo du am meisten Frieden brauchst. Diese Stelle bekommt deine volle Aufmerksamkeit. Massiere das Öl mit der Absicht des Friedens und voller Liebe in deine Haut, damit die friedliche Energie tief in dich hereinfließen kann. Alles in dir kommt zur Ruhe.

Wenn du insgesamt deinem Leben mehr Frieden schenken möchtest, öle deinen ganzen Körper ein. Oder du lässt dich von einem lieben Menschen mit dem Öl massieren, während du dich tief in eine Meditation dazu sinken lässt. Du kannst währenddessen auch deinen Kristall in der Hand halten oder auf die Stelle legen, die dir am wichtigsten erscheint. Dies vertieft den Effekt sehr.

Das Sternentor des Mutes

Thema und Unterstützung bei:
– Mut und Selbstbehauptung
– Urvertrauen
– freundlich und großherzig bleiben
– ungeahnte Kräfte mobilisieren
– mit Geistesblitzen spielen

Körper:
ab dem Herzen abwärts alle Energiezentren, ebenso Beine
(für das Vorwärtskommen)

Naturessenzen:
Thymian – Kraft und Mut
Muskatellersalbei – mobilisiert ungeahnte Kräfte, grenzüberwindend
Zitrone – mit Geistesblitzen spielen, Konzentration

Kristall:
Rubin, Granat, Bernstein
Um Mut zu haben, brauchst du Selbstvertrauen und die Gewissheit, dass du alles in dir trägst, was es braucht, um erfolgreich zu sein. Diese Kristall- und Harzformen sind besonders gut darin, dir genau diese Unterstützung zu geben.
Der Rubin hat die höchste Schwingung der drei. Spüre jedoch beim Kauf genau hinein, ob er gut für dich ist. Rubine haben eine gewisse emotionale Schärfe, die nicht immer angebracht ist. Es kommt auf dein Gefühl an. In der Anwendung pulsiert der Rubin besonders stark. Er nährt dein Selbstbewusstsein, da-

mit du dich in Augenhöhe mit deinem Gegenüber sehen kannst. Spüre, dass du weder kleiner noch größer bist. Du bist ebenso wertvoll wie dein Gegenüber. Der Rubin stärkt dein Herz und macht dich tapfer. Er flüstert dir ins Ohr: »Du bist groß und stark. Du kannst einfach sagen, was du willst. Du machst das wirklich gut.«

Den Rubin legst du am besten auf dein Herz. Auf der Stirn kann er ebenfalls kurz liegen (ca. drei bis fünf Minuten reichen völlig aus), um deine Gedanken auf dein Ziel zu fokussieren.

Granate sind sehr gut darin, dich zu erden, damit du mit beiden Beinen fest auf dem Boden stehst und – im wahrsten Sinne – deinen Standpunkt vertreten kannst. Du spürst, dass du ein Kind der Erde bist und sie dich immer beschützt und liebt. Pure, liebende und lebendige Kraft fließt in dich hinein und strömt durch jeden Winkel deines Körpers.

Der Granat wirkt über dein Basis-Chakra. In der Meditation kannst du ihn unter dein Gesäß oder auf dein Schambein legen. Er verwurzelt dich mit der Erde, aus der die nährende, stärkende Energie in dich fließt und sich von dort aus verteilt. Auch das Herz kann er gut wärmen und aufbauen.

Der Bernstein ist ein fossiles Harz, das sanft und mit sehr viel Liebe wirkt, um dich innerlich aufzubauen. Er gibt dir immer das Gefühl, dass du es verdient hast, glücklich und in Sicherheit zu sein. Aus dieser Geborgenheit heraus kannst du dann genau das tun, was richtig und wichtig für dich ist.

Bernsteine sind wunderbare »Handschmeichler«, weil sie oft als ganz glatte Steine angeboten werden. Werden sie intensiv gerieben, duften sie auch sehr schön. Da sie sehr leicht sind und oft als dünne Scheiben verkauft werden, kann man sie gut mit Hautklebeband auf den Solarplexus kleben, um den ganzen Tag mit der Sonnenkraft, die sie gespeichert haben, aufgefüllt zu werden. So bist du immer gut versorgt mit Mut und Selbstsicherheit.

Karte:

Du kannst die Karte überallhin mitnehmen, wo du Mut brauchst. Vor wichtigen Situationen kannst du dir aufmerksam die Botschaft durchlesen und deine inneren Kräfte mobilisieren. Stärke dein Selbstvertrauen, und fühle den tiefen Wunsch in dir, die Situation mit Klarheit und Ruhe zu erleben. Konzentriere dich auf das von dir gewünschte Ergebnis. Fühle den positiven Ausgang des Gespräches bzw. der Situation schon vorher. Stelle dir in allen möglichen Einzelheiten vor, wie glücklich du währenddessen und danach bist. Fühle den Frieden, der in dir ist – vorher und nachher. Du hast es verdient, dass deine Wünsche in Erfüllung gehen.

In einer Meditation zum Thema »Mut« kannst du die Karte auf deinen Bauch legen oder dich daraufsetzen. Spüre, wie sich die Kraft in deinem ganzen Körper verteilt.

Auraspray:

Das Auraspray kannst du am besten, wie die Karte auch, in wichtigen Situationen bei dir tragen. Reinige und stärke deine Aura, indem du es wie einen sanften Regen einmal komplett um dich herum verteilst. Vor allem im Herzbereich wirkt es gut.
Wenn es möglich ist, kannst du das Spray auch in dem Raum verteilen, in dem du besonders viel Mut brauchst. So können alle Beteiligten friedlich aussprechen, was wichtig ist, und ganz in ihrer Kraft und Harmonie sein.

Massageöl:

Da Mut sozusagen alle körpereigenen Bereiche mobilisiert, kannst du dich vor wichtigen Ereignissen abends und morgens einmal komplett mit dem Öl massieren. Stelle dir vor, dass es sich wie ein Schutzmantel um deinen Körper legt. Atme die Pflanzendüfte ein, die alle ihre eigene Energie zu deinem Mut beisteuern. Sie aktivieren alle Selbsterhaltungskräfte, deine Intuition und die Weisheit in dir. Lächle dem Tag voller Freude entgegen.

Deine Hände und Füße sind ebenfalls wichtige Steuerungszentralen, die du ganz hervorragend mit dem Öl massieren kannst. Dann hast du es »in der Hand«, was mit dir geschieht, und kannst die richtigen Schritte mit Bedacht und voller Klarheit gehen.

Das Sternentor der Freiheit

Thema und Unterstützung bei:
- deine angeborene, immerwährende Freiheit fühlen
- Grenzen erweitern
- bewusste Ausdehnung
- mit Ruhe und Klarheit handeln
- loslassen

Körper:
ganzer Körper, v. a. Kopfbereich

Naturessenzen:
Myrte – mit Ruhe und Klarheit handeln; loslassen
Rosenholz – harmonisiert auf allen Ebenen
Pfefferminz – mit klarem Kopf aktiv sein

Kristall:
Amethyst
Der Amethyst steht klassisch für Loslassen, Freiheit und Transformation. Seine violette Kraft dringt durch alle Schichten deines Seins und hilft dir, dich selbst inmitten deiner angeborenen, selbstverständlichen Freiheit zu fühlen. Er verwandelt den Schatten, der dich klein und eng hält, in Licht, damit du dich zu deiner wahren Größe ausdehnen kannst.

Betrachte seine Schönheit, seine inneren Schichten, die wie deine eigenen Schichten aus Gefühlen und Erfahrungen sind. Fühle, wie er dir die alten Ketten abnimmt, die dich fesselten. Der Amethyst wirkt intensiv mit der Kraft von Erzengel Zadkiel zusammen, der dich ebenfalls an deine innere und äußere Freiheit erinnert. Gemeinsam zeigen sie dir gern, dass du immer die freie Wahl hast, dich neu zu entscheiden, wenn dir dein Leben zu eng geworden ist.

In einer Meditation kannst du den Kristall auf dein drittes Auge, dein Stirn-Chakra, legen. So kannst du deine Gedanken reinigen und alte Glaubenssätze in der Flamme des violetten Feuers auflösen. Was für Gedanken und Gefühle engen dich ein? Übergib sie der Flamme, bis du dich rundum erneuert und gereinigt fühlst. Dann fülle den entstandenen Raum in dir mit neuen, frischen, positiven Gedanken der Freiheit! Spüre die Freiheit und deinen freien Willen in jeder deiner Zellen. Jetzt hast du Kraft für neue Entscheidungen.

Wichtig ist, dass du deinen Kristall danach gründlich reinigst und an einem schönen Platz, möglichst in der Sonne oder in einer Bergkristalldruse, wieder auftankst.

Karte:

Die Karte dient dazu, deinem Leben neuen, befreiten Raum zu schenken. Immer wenn du dich in einer Situation festgefahren hast oder einfach das Gefühl hast, dass alles um dich herum zu eng geworden ist (Arbeit, Familie, Partnerschaft etc.), kannst du sie bei dir tragen. Lies ihre Botschaft, und fühle sie in all deinen Zellen. Lege sie in der Nacht unter dein Kopfkissen. Trage sie am Körper, damit ihre Energie während des Tages sanft durch dich hindurchschwingen kann.

Auraspray:

Das Spray ist eine herrliche Möglichkeit, die alten Glaubensmuster aus deiner Aura zu spülen. Fühle, wie dich der Duftnebel befreit und deine Grenzen immer weiter ausdehnt. Nutze es so lange, bis du dich wieder rundum frei und wohl in deiner Haut fühlst.

Massageöl:

Wenn du dich rundherum befreien möchtest, kannst du dich morgens und abends einmal komplett mit dem Öl massieren. Stelle dir vor, dass sich deine Zellen glücklich ausdehnen und über diesen kleinen Luxus freuen. Deine Freiheit ist ein kostbares Gut, das du dir stets erhalten solltest. Atme die Pflanzendüfte ein, die dich einladen, einen genussvollen, schönen Tag zu erleben. Sie schenken dir Klarheit, Frieden und die Kraft, alles loszulassen, was dich in deiner Freiheit einschränkt. Dann ist Platz für viel frische Energie.

Das Sternentor der Ruhe

Thema und Unterstützung bei:
- Ruhe und Gelassenheit aus der eigenen Mitte heraus fühlen
- Mußestunden für Körper, Geist und Seele
- Stille
- sich selbst Pausen erlauben

Körper:
Herz, Steißbein, Hände, Füße

Naturessenzen:
Lavendel – Ruhe und Gelassenheit
Palmarosa – sanfte Zufriedenheit genießen
Koriander – Mußestunden für Körper, Geist und Seele

Kristall:
Bergkristall, versteinertes Holz
Wenn du in deiner Nähe ein Geschäft mit Edelsteinen und Kristallen hast, frage nach, ob sie eine Scheibe aus versteinertem Holz haben. Sie sollte groß genug sein, damit du dich daraufstellen kannst. Es ist eine großartige Erfahrung, mit beiden Füßen (nackt oder mit Socken) auf einer versteinerten Baumscheibe zu stehen. Es gibt kaum ein lebendigeres Gefühl von Erdung. Du wirst sofort ruhig und kannst bei genauem Hinspüren vielleicht sogar ein Kribbeln in den Fußsohlen fühlen. Mutter Erde ruft dich voller Liebe tief hinein in ihr Innerstes. Du bekommst kraftvolle Wurzeln, die dich halten und stützen. Sollte es dein Budget erlauben und sollte es öfter eine Herausforderung für dich darstellen,

zur Ruhe zu kommen, kannst du dir eine solche Baumscheibe kaufen. Es reicht jedoch auch aus, ein Stück dieser außergewöhnlichen natürlichen Versteinerung zu erwerben, das du in die Hand nehmen kannst. Wenn du die Augen schließt und dich auf die Energie einlässt, kannst du die Erdung in deinem ganzen System fühlen.

Der Bergkristall ist ein glasklarer Quarz, der deine Gedanken zur Ruhe bringt, wenn du ihn aufmerksam betrachtest. Es gibt ihn als Kugel, Naturspitze und in geglätteter oder facettierter Form. Viele Bergkristalle haben im Inneren interessante Sprünge, die in allen Regenbogenfarben glitzern. Sie haben sogenannte Einschlüsse, die wie Tropfen, Schneeflocken und andere spannende Formen aussehen. Wähle den Kristall aus, der dich am meisten fasziniert.
Du kannst dich wundervoll entspannen, wenn du in der Stille seine Schönheit und die vielen Details betrachtest. Lasse dabei alle anderen Gedanken einfach vorbeiziehen. Bitte den Kristall, dir Klarheit, Reinheit und Frieden zu schenken. Fühle sein Licht in dir leuchten. Es vertreibt die dunklen Energien wie Kummer, Sorgen und Angst. Fülle dich mit dem Licht auf, und spüre, wie tiefe Ruhe in dich einkehrt.

Karte:
Nutze die Karte ganz bewusst als Signal zur Auszeit. Mache eine Pause in deinem Alltag, Beruf oder in deiner Freizeit. Betrachte das Bild und seine Zeichen. Nimm die tiefe Schwingung in dich auf, und spüre, wie du innerlich friedlicher wirst. Lies die Botschaft, und fühle ihre Wahrheit.
Du kannst die Karte überallhin mitnehmen in Phasen, die sehr hektisch sind. Du kannst sie an deinen Arbeitsplatz stellen, damit du sie immer im Auge hast und an sinnvolle Pausen denkst. Du kannst dich daraufsetzen, um die Energie durch dein Basis-Chakra in dein ganzes System aufzunehmen und dich zu erden.

Wenn deine Gedanken in der Nacht nicht zur Ruhe kommen, kannst du die Karte unter dein Kopfkissen legen und um entspannte, aufbauende Träume bitten. Lies dir vor dem Schlafengehen und am besten auch am Morgen vor dem Aufstehen die Botschaft durch, damit du einen ruhigen, entspannten Tag voller Gelassenheit erlebst.

Wenn dein Herz in einem hektischen Rhythmus schlägt oder du allgemein mit deinem Leben überfordert bist, kannst du die Karte auch mit Leukoplast auf deine Brust über dein Herz kleben. So kann es sich entspannen und dein Selbstheilungssystem auf Gelassenheit programmieren. So wird aus Stress wieder innerer Frieden. Sorge gut für dich, und halte so oft inne, wie du kannst, um tief zu atmen und alle Energien loszulassen, die dich in deiner Ruhe stören.

Auraspray:

Tiefes Atmen bringt dich als Erste-Hilfe-Maßnahme schnell in eine Grundruhe. In hektischen Zeiten ist es daher sehr schön, wenn du das Aura-Spray immer über deinem Kopf versprühst, wenn du in zu großen Stress gerätst. Atme tief den feinen Duft ein, und stelle dir vor, dass die winzigen Tropfen über dein ganzes Energiefeld Ruhe verteilen. Gleichzeitig kannst du dir die festen Wurzeln vorstellen, die dich tief mit der Erde verbinden. Klarheit erfüllt deinen Geist, und du wirst offen für Lösungen, die deine Ruhe fördern.

Eine sehr angenehme Anwendung für das Ruhe-Spray ist auch das Versprühen über dem Kopfkissen, bevor du schlafen gehst. So kannst du den Duft mit in deine Träume nehmen und entspannt ausruhen.

Massageöl:

Um deinem ganzen System im Alltag Ruhe zu schenken, nimm dir eine Auszeit und massiere achtsam deine Hände. Ein gutes Öl pflegt deine Haut – ein schöner Nebeneffekt. Über die Hände und deren viele feine Nervenbahnen kannst du alle Meridiane deines Körpers erreichen und überallhin Ruhe senden. Die Finger lieben es, auf diese Weise verwöhnt zu werden.

Es ist auch sehr angenehm, das Öl mit dem praktischen Duftroller auf die Stirn und die Schläfen zu verteilen. So atmest du den Duft und kannst deine Gedanken zur Ruhe bringen.

Wenn du daheim bist, kannst du dir eine Auszeit auf dem Sofa gönnen, schöne Musik hören oder einen beruhigenden Film ansehen und dir dabei die Füße massieren oder massieren lassen. Für den Menschen, der dich massiert, wirkt das Öl ebenfalls beruhigend und harmonisierend.

Wenn du eine ruhige Nacht erleben möchtest, kannst du dir vor dem Schlafengehen den ganzen Körper mit dem Öl massieren oder dich wiederum massieren lassen.

Eine außergewöhnliche Idee:

Das Öl wirkt sehr gut über den Kopf, indem du dir selbst die Kopfhaut damit massierst. Dort befinden sich sehr viele wichtige Energiepunkte, die auf diese Weise stimuliert werden und Botenstoffe produzieren, die deinen Körper beruhigen und harmonisieren. Spüre für dich, wie viel Öl du verwenden möchtest. Du kannst dir danach natürlich die Haare waschen, doch wenn du nicht zu viel nimmst, kannst du auch damit einschlafen. Du kannst dazu ein weiches Handtuch über dein Kopfkissen legen oder einfach einen alten Kopfkissenbezug nehmen, den du nach der Nacht wäschst. Ein angenehmer Nebeneffekt: Dein Haar wird von dem kostbaren Öl geschmeidig und gepflegt.

Das Sternentor der Wandlung

Thema und Unterstützung bei:
– von Ballast befreien
– Mut zur Veränderung
– Grenzen überwinden
– Stabilität und Entspannung
– Intuition
– Vertrauen

Körper:
ganzer Körper, v. a. Herz, Kopf

Naturessenzen:
Wacholderbeere – Körper und Seele von Ballast befreien
Muskatellersalbei – Mut zur Veränderung, mobilisiert ungeahnte Kräfte
Palmarosa – schenkt Stabilität und Entspannung; Sicherheit; Anpassungsfähigkeit

Kristall:
Amethyst, Rosenquarz, Mookait
Alle drei Kristalle helfen dir durch Phasen der Veränderung hindurch. Zwar befinden sich das Leben, die Erde und auch du immer im Wandel, doch es gibt Zeiten, in denen dieser sehr viel spürbarer wird. Die Kristalle helfen dir, indem sie dich mit ihrer Schwingung umhüllen und dir Ruhe, Klarheit und Vertrauen schenken.

Der Amethyst steht klassisch für die Transformation. Er wandelt Altes in Neues, wenn dies gewünscht ist. Betrachte seine Schönheit, und fühle, wie er dir die Last abnimmt, die du trägst. Er erzeugt eine Flamme der Veränderung für dich, in die du ganz bewusst alles hineinwerfen kannst, was du fortan nicht mehr mit dir herumtragen möchtest. Dies ist ein wunderschönes Ritual zur Entrümpelung deiner Gedanken und Gefühle. Spüre, wie du eine größere Klarheit bekommst. Auch aus deiner Aura kann der Amethyst die negativen Energien saugen und so Platz schaffen für Zuversicht und Handlungswillen.

In einer Meditation kannst du ihn auf dein drittes Auge, dein Stirn-Chakra, legen.

Wichtig ist, dass du ihn danach gründlich reinigst und an einem schönen Platz, möglichst in der Sonne oder in einer Bergkristalldruse, wieder auftankst.

Der Rosenquarz ist der klassische Herzkristall. Er schenkt dir Liebe, Leichtigkeit und ein Lächeln. Auf diese Weise fällt es dir leichter, dich den Herausforderungen zu stellen und mit Gelassenheit die richtigen Entscheidungen zu treffen. Die Herz-Intelligenz ist unübertroffen, deshalb ist ein Rosenquarz der perfekte Helfer, um aus dem Herzen heraus weise zu entscheiden. Er ist ein himmlischer Handschmeichler, den du den ganzen Tag in der Hosentasche oder als Schmuckstück tragen kannst. Wenn du ihn betrachtest, kannst du dir vorstellen, wie die gesamte Liebe des Universums durch ihn gebündelt wird und in dich hereinfließt. Sie nährt und stärkt dein Herz, damit du kraftvoll und voller Selbstvertrauen durch jede Situation gehen kannst. Du hast die Gewissheit, dass das Universum dich immer unterstützt.

Der Mookait hat eine sehr spezielle Schwingung. Er vermittelt in seiner cremefarbenen, gelben Seite Leichtigkeit, Lebensfreude und Heiterkeit. Diese fördern dein Selbstvertrauen und die Hingabe an das Leben und seinen Wandel. Doch der Mookait hat auch eine violette Seite, die dich in deiner Transformation unterstützt. Dieser Kristall ist sanft und doch sehr fordernd. Er kann weich und streng sein – je nachdem, was bei dir gerade wichtig ist. Auf jeden Fall wünscht er sich sehr, dass du die Zeiten der Veränderung voller Leichtigkeit durchleben kannst. Er ist ein wundervoller, zärtlicher Begleiter, der auch zum Kuscheln anregt und dafür sorgt, dass du das Leben genießt.

Karte:

Lege die Karte unter dein Kopfkissen, damit du im Schlaf die Botschaft auf allen Ebenen verankern kannst. Es ist DEIN Leben, das du jederzeit beeinflussen kannst. »Wie du kommst gegangen, so wirst du auch empfangen«, sagt der Volksmund. Und er hat recht. Wenn du dich auf die Veränderung freust und sie begrüßt, wirst du jede mögliche Unterstützung erhalten, die das Universum für dich erschaffen kann. Wenn du Angst hast und am liebsten weglaufen möchtest, wird dir der Wandel schwerfallen.

Das Sternentor der Wandlung möchte dir helfen, die Veränderung gutzuheißen. Sie kommt sowieso. Dann kannst du dich auch auf sie freuen und sie als Geschenk betrachten. Alles, was dir geschieht, dient deinem Wachsen und Entfalten.

Nimm die Karte mit in deinen Tag. Trage sie am Körper, und lies die Botschaft immer wieder durch. Sie gibt dir Kraft.

In einer Meditation zum Wandel kannst du sie auf dein Herz oder auf deine Stirn legen. Die Energie wird dich durchströmen und dich auftanken.

Auraspray:

Das duftende Spray, das du in deine Aura, auf dein Herz und auf deine Stirn sprühen kannst, umhüllt dich sanft und bildet einen Schutz für dich. Damit kommst du entspannt durch den Tag und findest klare Gedanken für gute Entscheidungen.

Wenn es um eine Konfrontation mit einem wichtigen Menschen geht (Chef, Partner etc.), kannst du das Spray vorher in deine Aura und auf dein Herz sprühen und dich mit der Energie umhüllen. Sie bildet einen kleinen Puffer, damit alle Beteiligten von Herz zu Herz sprechen können, ohne sich gegenseitig zu verletzen.

Am Morgen hilft es dir, gut in den Tag zu kommen. Nimm den Sprühnebel mit allen Sinnen wahr, und freue dich auf alles, was zu deinem Besten auf dich zukommt.

Massageöl:

Wie immer liegt es an dir, worauf du dich fokussierst. Deine Gedanken werden Realität. Wenn du dich also liebevoll mit dem Öl massierst, kannst du all deine Gedanken und Gefühle in den Zustand fließen lassen, den du dir wünschst. Wie soll deine nahe Zukunft aussehen? Was würde dir besonders gut gefallen? Spiele mit diesen Fragen, während du die wunderschöne Energie der Wandlung in deine Haut massierst.

Besonders dein Brustkorb, dein Gesicht und dein Bauch, als Zentrum deiner Intuition, nehmen die Energie gern auf. Von dort aus kann sie überall hinfließen. Wenn dir der Duft gefällt und du, wie beim Auraspray, deinen ganzen Körper mit einem sanften Schutz umhüllen möchtest, wird sich dein ganzes System aus Körper, Geist und Seele freuen.

Das Sternentor des Selbstvertrauens

Thema und Unterstützung bei:
- Kraft und Zuversicht für dein Leben
- Vertrauen in dich selbst und in deinen Lebensplan
- die Sonnenseite des Lebens wahrnehmen
- neue Wege wagen

Körper:
gesamter Bauchbereich

Naturessenzen:
Petitgrain – neuer Schwung für große und kleine Aufgaben;
Klarheit und Frische
Eisenkraut – kraftvoll und zuversichtlich ins Leben gehen,
neue Wege wagen
Grapefruit – Lust auf neue Abenteuer

Kristall:
Orangencalcit, Citrin, Mookait, Bernstein
Alle genannten Kristalle und der Bernstein dienen dir, damit du die Schönheit
deines Lebens erkennen kannst. Du bist hier, um dein Leben zu genießen. Das
Universum unterstützt dich gern dabei, wenn du es ihm und dir selbst erlaubst!
Jeder der Edelsteine und das Harz lenken deine Gedanken und Gefühle in die
Wärme und das Leuchten deiner Existenz. Sie alle haben die Kraft der Sonne
und das Leuchten der Erde in sich gespeichert. In jedem ist Lebensfreude und
der Wunsch vorhanden, dich mit einem Lachen durch deinen Tag zu begleiten.

Vertraue dir selbst. Du hast alles in dir, was du brauchst, um glücklich zu sein. In deinem »Reisegepäck«, das du bei deiner Ankunft auf der Erde dabeihattest, ist alles enthalten, was dich dabei unterstützt.

Der Orangencalcit ist pure Lebensfreude. Der Citrin ist manifestierte Sonnenkraft. Der Mookait liebt das Leben in all seinen Facetten und gibt dir diese Liebe gern weiter. Der Bernstein ist voller Sanftmut, Lächeln und weichem Lebensglück.

Dein ausgewählter Stein zeigt dir die Fähigkeiten, die du noch nicht aktiviert hast. Betrachte ihn in seiner einzigartigen Schönheit. Auch du bist einzigartig und wunderschön. Dein Wesen ist licht. Du bist Schöpfer und Schöpferin. Spüre, wie diese Gewissheit in dich einfließt. Fasse Vertrauen in die vielen Möglichkeiten, die noch vor dir liegen. Ergreife voller Vertrauen die Chancen, die sich dir immer wieder bieten. Du entscheidest über dein Glück. Dein Stein erinnert dich gern daran.

Trage ihn am Tage bei dir, und fühle diese kleine Sonne, die für dich voller Liebe leuchtet. Höre in deinem Herzen das Lachen, das ansteckend wirkt, und erlaube dir, voller Leichtigkeit mitzulachen. Du darfst fröhlich, unbeschwert und glücklich sein. Du darfst dich auf jeden einzelnen Tag freuen.

Dein Stein kann auch gut unter deinem Kopfkissen liegen, um dir im Schlaf schöne Träume zu schenken. In der Nacht, wenn dein Verstand schläft, können sich dein Geist und dein Herz mit Lebensfreude und tiefem Selbstvertrauen auftanken.

Du kannst dir deinen Stein auch mit Leukoplast auf dein Solarplexus-(Sonnengeflecht-)Chakra (über deinem Magen) kleben. Dort kann er wundervoll wirken.

In einer Meditation zum Thema Selbstvertrauen kannst du ihn auf deinen Solarplexus oder deinen Nabel legen. Dort wirkt er am stärksten.

Reinige deinen Stein immer wieder nach der Arbeit mit ihm, und lade ihn mit neuer Sonnenenergie auf, damit sein schönes Licht kraftvoll für dich leuchten kann.

Karte:

Die Karte mit ihrer Botschaft kann dir treue Begleiterin sein in der Zeit, in der du dein Selbstvertrauen stärkst. Sie kann an deinem Bett liegen, sodass du morgens und abends die aufbauenden Worte lesen kannst. Unter deinem Kopfkissen gibt sie dir Kraft in deinen Träumen. Du kannst sie auch, wie deinen Stein, auf dein Solarplexus-Chakra kleben (aber bitte nicht Stein und Karte gleichzeitig, das wäre zuviel des Guten).

Stelle immer wieder im Laufe des Tages deine Getränke im Glas oder in der Tasse auf die Karte. Das Wasser nimmt die Botschaft sehr gut auf und leitet sie beim Trinken an all deine Zellen weiter.

In deinen Pausen kannst du die Karte betrachten, ihre Energie aufnehmen, die Botschaft lesen und die Affirmation sprechen. So wirken alle deine Gedanken freudig darauf hin, dass du klar, stark und aufrecht durch dein Leben gehen und es zutiefst vertrauensvoll genießen kannst.

Auraspray:

Der frische Duft hebt sofort die Stimmung. Wenn du spürst, dass du eine ordentliche Portion Selbstvertrauen gebrauchen kannst, sprühe die Energie in deine Aura und stelle dir vor, dass sie sonnengelb zu leuchten beginnt. Alles an dir wird licht. Du beginnst zu strahlen und kannst entspannt lächeln. Atme den Duft tief ein, fühle friedliche Ruhe in dir, und richte dich so gerade wie möglich auf. Du bist ein großes, leuchtendes Wesen. Fühle es, und zeige es der Welt!

Massageöl:

Das Öl bringt dich, wie auch das Auraspray, zum Leuchten. Es stärkt dein Energiefeld, baut dich auf und schenkt dir neue Lebensfreude. Du bist gut, wie du bist. Spüre das, während du deinen Bauch und deinen unteren Rücken (soweit du kannst) liebevoll mit dem Öl massierst. Vor allem deine Nieren und das mit ihnen verbundene Lebenskraft-Zentrum lieben die Energie des Sternentores. Deine Nieren sind kleine Kraftwerke, die ständigen Nachschub brauchen, um dir die notwendige Lebenskraft zu schenken. Laut der chinesischen Medizin erzeugen sie das Chi.

Es gibt eine wundervolle Übung, die dein Chi, deine Lebenskraft, stärkt:
Stelle dich aufrecht hin, die Füße schulterbreit auseinander, sodass du fest auf dem Boden stehst. Lasse die Arme entspannt am Körper hinabhängen. Dann hebe die Arme ausgestreckt und mit tiefem Einatmen über den Kopf. Stelle dir vor, dass du sämtliche Energie deiner Umgebung einsammelst. Jetzt zeigen die Handflächen zum Boden, und du führst die Hände vor deinem Körper hinunter und verteilst mit tiefem Ausatmen die Energie in deinen Körper.
Diese fließende Bewegung bringt Ruhe und Kraft in deinen Körper. Du kannst sie so lange ausführen, bis du voller neuer Lebensenergie bist. Danach kannst du deine Hände eine Weile auf deine Nieren legen (in Taillenhöhe am Rücken) und ihnen danken, dass sie herrliche Energie erzeugen. Stelle dir vor, dass sie leuchten und glücklich sind.

Deine Hände und Füße kannst du zwischendurch ebenfalls immer wieder mit dem Öl massieren. So erreichst du auch in kleinen Pausen, in denen du dich nicht entkleiden kannst, ganz einfach alle Nerven- und Energiebahnen deines Körpers und schenkst dir Licht und Vertrauen.

Das Sternentor »Weg aus der Angst«

Thema und Unterstützung bei:
- der Angst achtsam begegnen
- Mut und Selbstliebe
- aus dem Schatten ans Licht
- Selbstausdruck
- Befreiung aus alten, unangenehmen Mustern
- Schutz und Heilung
- neue Wege beschreiten

Körper:
Kopf, Herz, Bauch

Naturessenzen:
Schafgarbe – Schutz und Heilung
Zitronengras – Stimmungsaufhellung, frisch wie die Morgensonne
Zypresse – Übergang, Wandlung, Erneuerung, neue Wege beschreiten

Kristall:
Schwarzer Turmalin, Amethyst, Rosenquarz
Da es sich bei diesem besonderen Sternentor tatsächlich um eine stark verändernde Energie handelt, möchte es dir, zusammen mit diesen drei kraftvollen Kristallen, in verschiedenen Schritten helfen. Du kannst diesen »Weg aus der Angst« ganz bewusst Schritt für Schritt gehen:

Der Schwarze Turmalin (auch Schörl genannt) ist einer der stärksten Schutzkristalle. Ihn als Handschmeichler oder als Schmuckstück bei dir zu tragen, hüllt dich in eine sichere Energie, in der du dich besser entspannen kannst. Er schenkt dir Geborgenheit und die liebevolle Umhüllung aus tiefer Erdenergie – vor allem in Zeiten, in denen die Angst dich fast zu überwältigen droht. Fühle den Schutz, denn dies ist der erste Schritt. Wenn du dich sicher fühlst, kannst du bessere Entscheidungen treffen und klarer den Weg sehen, den du gehen kannst.

Doch der Turmalin möchte mehr. Er möchte dir helfen, den Wall aus dunklen Gefühlen transparent zu machen, damit du erkennst, was die Angst von dir will. Stelle dir vor, dass die Angst dich wie eine Mauer umgibt. Diese Mauer war früher einmal wichtig, denn sie beschützte dich vor etwas. Sei der Angst dankbar. Das ist einer der wichtigsten Schritte aus ihr hinaus!

Um zu erkennen, was der ursprüngliche Grund für die Errichtung der Mauer war, hilft dir der Turmalin, dieses undurchdringliche Gebilde durchsichtig zu machen. Auf diese Weise überwältigt dich der Ursprung der Angst nicht, sondern bleibt hinter der Mauer, ist aber nun zu erkennen.

Der Amethyst hilft dir, Kraft für die Transformation zu sammeln. Er leitet dich durch den Schatten, durch die Mauer hindurch. Er hilft dir, den Weg zum Ursprung deiner Angst zu gehen und dabei alles entspannt zu entsorgen, was dich belastet. Durch seine violette Flamme, die alle dunklen Gefühle, Zweifel und Sorgen verbrennt, kannst du dem Ursprung sicher begegnen, Lösungen für deine Heilung finden und Veränderungen herbeiführen.

Bitte den Amethyst, den Schleier der Angst zu lüften, damit du erkennen kannst, was sie dir sagen möchte. Jede Angst hat eine wichtige Botschaft für dich. Manchmal ist es eine alte Verletzung, die sie beschützt und die schon lange geheilt werden möchte. Oder sie möchte dich darauf hinweisen, dass deine derzeitige Situation verändert werden will, weil sie nicht mehr deinem wahren Sein entspricht, das wachsen möchte.

Was auch immer es ist – der Amethyst hilft dir, die Botschaft zu verstehen. Betrachte ihn voller Achtsamkeit und lausche den Worten, die sich in dir formen. Du kannst auch die Augen schließen, während du ihn in den Händen hältst. Dann kannst du die Botschaft besser hören oder siehst vielleicht Bilder, die dir weiterhelfen.

Es gibt immer eine Lösung! Wenn du das Gefühl hast, dass die Heilung Unterstützung seitens eines Therapeuten braucht, finde jemanden, der mit dir den Weg der Heilung geht. Ein ausgebildeter Heilpraktiker mit dem Schwerpunkt Psychologie, ein schulmedizinscher Psychologe, ein Coach oder ein guter Lebensberater kann mit dir Möglichkeiten entwickeln, die Angst zu befreien.

Wenn du jedoch das Gefühl hast, dass du selbst die Heilung herbeiführen kannst, gehe zusammen mit deinem Kristall weiter.

Du kannst den Amethyst in der Nacht unter dein Kopfkissen legen und ihn bitten, dir in deinen Träumen Lösungsideen zu schenken. Tagsüber kannst du ihn in deiner Hand halten und ihn bitten, die Angst aus dir hinauszuleiten. Danach solltest du ihn kurz unter fließendem Wasser reinigen und der Erde für die Umwandlung der Energie danken. Wenn du die Ursache für die Angst erkannt hast und deine Gefühle zur Ruhe kommen, ist es Zeit für den Rosenquarz.

Der Rosenquarz ist der Heilstein des Herzens. Angst möchte immer in Liebe verwandelt werden. Sie ist ja dazu da, dich wieder auf das Licht aufmerksam zu machen, das nicht mehr in dir leuchtet. Angst ist also dazu da, dich wieder in die Liebe zu führen. Der Rosenquarz bringt Ruhe und Liebe in dein Herz. Wenn du den Grund für deine Angst kennst, kann der Kristall dich so mit Liebe und Vertrauen auffüllen, dass du ganz klar die Ursache verändern kannst. Du kannst lernen, die Vergangenheit anzuerkennen und dankbar für sie zu sein (siehe »Sternentor der Dankbarkeit«). Sie hat dich zu dem gemacht, was du heute bist. Du kannst sie mit Liebe betrachten und loslassen. Du kannst die Situation nicht verändern, da sie bereits Vergangenheit ist, doch du kannst dein Gefühl dazu verändern. Du entscheidest, ob du auf ewig traurig und verletzt sein möchtest oder ob du deinen Frieden machen willst mit dem, was war. Heute kannst du neu entscheiden und

dir erlauben, ein glückliches Leben zu führen. Darin unterstützt dich der Rosenquarz. Er macht dein Herz stark, schenkt dir die lebenswichtige Selbstliebe und
hilft dir, dir selbst die Erlaubnis für all das Glück zu geben, das du verdient hast.
Trage den Rosenquarz als Kettenanhänger über deinem Herzen oder klebe dir
an diese Stelle einen schönen Kristall auf die Haut. Spüre die beruhigende, wei-
che Liebe, die beständig fließt. Der Rosenquarz ist ein liebevoller, freundlicher
Begleiter. Du kannst dich in seine Energie kuscheln (in einer Meditation oder
in der Nacht, wenn du ihn auf dem Herzen trägst) und dich ganz sicher und
behaglich fühlen. Die umfassende feine Schwingung verbindet dich mit deiner
göttlichen Quelle, aus der immer bedingungslose, leuchtende Liebe fließt. Du
bist nicht allein und wirst immer geliebt. Die Kraft des Rosenquarzes heilt. Lasse die Angst los, damit sich die Liebe in dir ausbreiten kann. Jetzt hat die Angst
ihre Bestimmung erfüllt und kann friedlich und glücklich gehen!

Karte:

Der Weg aus der Angst ist pure Transformation. Wenn du zielstrebig und aufmerksam diesen Weg gehst, kannst du große, wundervolle Veränderungen für dein
Leben erreichen. Aus einer Angst herauszutreten und sie in Liebe zu verwandeln,
wird viel Energie in Fluss bringen, die du für neue Ideen einsetzen kannst.
Die Karte mit ihrer Botschaft ist eine hilfreiche Unterstützung dabei. Ihre Energie und die Worte des Sternentores bauen dich auf, damit du den Sturm der
Angst entspannt umwandeln kannst. Sie kann dir Anker und Stütze sein, damit
du gelassen bleibst, wenn die Welle der Angst kommt.
Jetzt wird diese Welle dich nicht mehr umwerfen, sondern sie kann dich voller
Freude zu neuen Ufern tragen. Richte mithilfe der Karte deine Aufmerksamkeit
auf dein Ziel aus: auf die Liebe, die Befreiung und frische Energie. Wenn du
das vor Augen hast, kann Heilung geschehen. Du wirst spüren, wie du auf
Lösungen aufmerksam wirst. Plötzlich tauchen unvermittelt Ideen, Menschen
oder neue Botschaften auf, die dir helfen. Um deine Angst zu transformieren,
kann auch ein Wunder geschehen. Sei offen, und nimm es als Geschenk an!

Auraspray:

Wenn die Angst kommt oder wenn du sie ganz bewusst in Liebe verwandeln möchtest, sprühe den schönen, stimmungsaufhellenden Duft in deine gesamte Aura. Er reinigt und klärt dein Energiefeld und bringt Licht dorthin, wo vorher Dunkelheit war.

Wenn du die Angst an einer bestimmten Stelle besonders stark spürst (zum Beispiel in deinem Herzen oder deinem Bauch), sprühe den Duft dort zusätzlich hin. Fühle die Erleichterung, und richte deine Aufmerksamkeit auf die Liebe und das Licht aus.

Massageöl:

Das Öl nährt deinen Körper mit Licht und Liebe. Es füllt deine Zellen mit Hoffnung und Zuversicht, dass am Ende jeden Tunnels das Licht auf dich wartet. Besonders dein Herz, deine Stirn und dein Bauch genießen die Hilfe des Sternentor-Öls. Die Energie schützt dich wie ein warmer Mantel im Winter. Sie hüllt dich in friedliche, kuschelige Gefühle. Sei ganz liebevoll und sorgsam mit dir, wenn du das Öl einmassierst. Entspanne dich ganz bewusst, und versichere dir selbst, dass du vom Himmel und von der Erde geliebt und beschützt wirst. Wenn ganz akut eine Welle der Angst anrollt, verteile ein paar Tropfen des Öls in deinen Händen, verreibe es, und atme den Duft ganz tief ein. Konzentriere dich auf die Liebe, hülle dich in Licht, und bitte deinen Schutzengel, dich zu beschützen und zu unterstützen. Fühle die Hilfe, und spüre deinen Herzschlag, der langsam wieder zur Ruhe kommt. Verreibe dann das Öl auf deiner Stirn und deinem Herzen. Atme weiter ganz ruhig und tief in deinen Bauch. Fühle deine Füße, die fest auf dem Boden stehen. Fühle deinen ganzen, wertvollen Körper und deine Seele, die mit allem verbunden ist, was existiert. So kannst du fühlen, dass du in Sicherheit bist. Alles ist gut, wenn du es willst und erlaubst.

Das Sternentor des Potenzials

Thema und Unterstützung bei:

- das eigene Potenzial entfalten
- Selbst-Bewusst-Sein
- Selbstvertrauen und Selbstausdruck
- Mut und Ausdauer
- hohe Energie
- Leichtigkeit

Körper:

Kopf, Herz, Bauch

Naturessenzen:

Angelikawurzel – sich selbst Vertrauen schenken

Cistrose – schenkt leichte Zentrierung

Orange – Heiterkeit und Leichtigkeit erfahren

Kristall:

Fluorit, Opal

Das eigene Potenzial zu entfalten, ist, meines Erachtens, eines der wichtigsten Lebensziele jedes Menschen. Dies ist ein neuer Gedankenansatz in unserer heutigen Zeit, denn lange Zeit war es selbstverständlich, in die Fußstapfen der Eltern treten zu müssen und deren Weg fortzusetzen. Auf die eigenen Bedürfnisse zu achten war (und wird teilweise noch immer) als hochmütig und egoistisch gewertet. Dabei kann ein Mensch nur wirklich glücklich werden, wenn er sich selbst fühlen und ausdrücken kann.

Genau dabei hilft zuallererst der Fluorit. Er ist ein spannender Kristall, den du in sehr vielen Farben finden kannst – von Gelb (Lebensfreude) über Türkis (Herz- und Schöpferkraft) zu Violett (Transformation) und Klar (Klarheit und Information). Meistens findest du ihn in wunderschönen Streifenmustern, die wie physikalische Frequenz- und Schwingungsmuster aussehen. Der Fluorit erinnert dich an deine spezielle Frequenz, die einzigartig ist. Wenn du ganz du selbst bist, wenn du tust, was richtig und gut für dich ist, wenn du auf dich selbst hörst und gut für dich sorgst, hilfst du dir und der Welt, noch schöner und friedlicher zu werden. Wenn in dir Glück und Frieden ist, schwingen auch die Welt und alle Menschen um dich herum in einer neuen, liebevolleren Frequenz. Dies ist das Gesetz der Resonanz.

Dein Fluorit, den du als Handschmeichler bei dir tragen und immer wieder anschauen kannst, erzählt dir DEINE Geschichte. Er berichtet von dem Schatz, der in dir verborgen ist. Er erzählt dir, wie toll es ist, diesen Schatz zu bergen und all die herrlichen Werkzeuge zu benutzen, die auf dich warten und mit dir zusammen dein Leben neu gestalten wollen.

Lausche deinem Fluorit, und beginne, dich aus deinem kleinen Kokon zu befreien und der bunte Schmetterling zu werden, der du sein kannst.

In einer Meditation kannst du den Fluorit auf deine Stirn legen. Dort empfängst du seine Botschaften am besten. Im Schlaf flüstert er dir, unter deinem Kopfkissen liegend, wichtige Informationen zu, die du am besten direkt am Morgen aufschreibst.

Ähnlich wie den Fluorit gibt es den Opal in vielen leuchtenden und auch sanften pastellfarbenen Tönen. Für die Beschäftigung mit deinem Potenzial ist der bunt glitzernde Opal genau richtig. Finde den Kristall, der dich im Herzen berührt und dein inneres Kind zum Lachen bringt. Denn der Opal möchte dir die Leichtigkeit und den Regenbogen schenken, damit du große Freude daran hast, dich vollkommen zu entfalten.

Auch dieser Kristall flüstert zu dir. Wenn du lange geglaubt hast, dass du es nicht verdient hast, glücklich zu sein, ist er nun derjenige, der dich aufbaut und an dich glaubt. Er verscheucht die alten Glaubenssätze und Familienmuster. Du hast es verdient, neue Wege gehen zu können.

Der Opal verleiht dir Flügel, mit denen du zum Regenbogen deines Potenzials fliegen kannst. Von dort aus kannst du viel besser sehen, wohin deine Lebensreise gehen soll. Du siehst viel mehr Möglichkeiten und Chancen, die nur auf dich warten.

Öffne dem Opal dein Herz. Lege ihn in der Meditation auf deine Stirn oder dein Herz-Chakra, und fliege mit ihm in deine neue Welt. Fühle, lache, vertraue. Es ist DEIN Leben. Du hast das Recht, es so zu leben, wie es dir am besten gefällt.

Im Alltag kannst du ihn auf dein Herz-Chakra kleben. Dort stärkt und nährt er dich ganz wundervoll.

Karte:

Du möchtest dein Potenzial wirklich entfalten? Dann nutze die Karte in ihrem ganzen Spektrum. Lege sie unter dein Kopfkissen, lies die Botschaft so oft wie möglich, stelle deine Speisen und Getränke darauf, um diese aufzuladen, und nimm die Karte überallhin mit, damit sie den ganzen Tag über ihre Energie für dich verströmen kann.

Dein Potenzial will angeschaut und in dein Leben integriert werden. Achte auf die vielen Impulse und Ideen, die nun von allen Seiten zu dir kommen. Es wird Menschen geben, die dich auf bestimmte Dinge aufmerksam machen, du wirst auf einmal Internetseiten, Zeitungsartikel und Fernsehsendungen finden, die wichtig für dich sind. Im Alltag warten Wunder auf dich. Sei offen für die Chancen, die du nutzen und ergreifen kannst. Das Leben liefert immer neue Geschenke – es ist an dir, sie auszupacken und wahrzunehmen!

Auraspray:

Wenn du das Auraspray in dein Energiefeld sprühst, stelle dir vor, dass du damit den Schleier lüftest, der noch über deinem Potenzial liegt. So kannst du klarer sehen, was wirklich wichtig für dich ist. Das Spray unterstützt auf feinstoffliche Weise deinen Entfaltungsprozess.

Massageöl:

Wenn du meditieren möchtest, um deinem Potenzial auf die Spur zu kommen, kannst du vorher das Öl auf deine Stirn und deine Schläfen reiben. Verteile es auch in deinen Händen, und atme den Duft tief ein. So kommst du zur Ruhe und kannst dich voller Leichtigkeit konzentrieren. Die wilden Alltagsgedanken ziehen leichter fort, und du kannst dich friedlich in dein Innerstes bewegen.
Vor dem Schlafengehen ist es sehr angenehm, wenn dein Brustkorb und dein Bauch eingeölt werden. Sie nehmen die Energie des Sternentores tief auf und lassen sie durch den ganzen Körper schwingen. Selbstvertrauen und Mut helfen dir dabei, dein Potenzial im Schlaf zu entdecken und zu erwecken.

Das Sternentor des Selbstwertes

Thema und Unterstützung bei:
- den eigenen Wert erkennen
- zu sich selbst und den eigenen Wünschen stehen
- kraftvoll und stark sein
- Zuversicht
- mit sich selbst und anderen liebevoll umgehen

Körper:
gesamter Bauchraum

Naturessenzen:
Vetiver – in die Tiefe gehen um zu wachsen
Ingwer – volle Kraft voraus
Limette – leicht und beschwingt sein

Kristall:
Spessartin, Gold

Der Spessartin ist eine besonders leuchtende, orangefarbene Form des Granats. Er wird, daher der Name, im deutschen Spessart gefunden und ist recht selten. Er hat ein wunderschönes inneres Feuer und zeigt sich in leuchtender Pracht. Seine Wärme erinnert an ein prasselndes Kaminfeuer im Winter, das dein Herz zum Schmelzen bringt.

Der Spessartin zeigt dir, dass in dir Anmut, Schönheit und Wert stecken. Er macht dir deutlich, dass es schade ist, dies zu verstecken. Er ist dein großer Lehrer. Seine Aura ist bemerkenswert und nährt auch dein Energiefeld. Er lehrt dich, aufrecht dazustehen und deutlich die Dinge anzusprechen, die dir wichtig sind.

Dein Selbstwert ist deine Visitenkarte im Leben. Ist er gering, wirst du für die Menschen fast unsichtbar sein. Ist er hoch, wirst du bekommen, was du verdienst. Was willst du verdienen? Verdienst du Respekt, einen guten Lohn für deine Arbeit und Liebe? Dann stehe zu deinem Wert!

Der Spessartin kann dich den ganzen Tag begleiten und dir gute Ideen geben, wie du voller Selbstvertrauen und Lebensfreude der Welt zeigen kannst, wer du wirklich bist.

In der Meditation kannst du ihn auf deinen Nabel legen. Von dort aus sendet er sein Feuer der Kraft in deinen ganzen Körper. Am Tage kannst du ihn auch dort hinkleben.

Wenn du gern Wasser trinkst, kannst du ihn zwischendurch für mehrere Minuten in dein Glas legen, damit er die Wasserkristalle für dich programmiert. So kann er auch von innen heraus für dich wirken.

Gold ist seit Menschengedenken der Inbegriff für beständigen hohen Wert. Jetzt kannst du es in deiner Selbstentfaltung nutzen, um dich in seinem Glanz zu spiegeln. In jedem noch so kleinen Goldschmuckstück steckt ganz viel von der Energie, die du in dir finden möchtest. Schmücke dich mit deinem eigenen herrlichen Glanz. Du bist ein Schmuckstück, das poliert werden möchte, damit es endlich so strahlt, wie es ihm zugedacht wurde. Du darfst strahlen und leuchten. Das ist deine Bestimmung.

Das Gold zeigt dir, dass es dein Geburtsrecht ist, dich wertvoll zu fühlen. Einfach, weil Du wertvoll BIST. Du bist ein Schatz. Auch im Sinne des weitverbreiteten Kosenamens, doch noch eher im Sinne einer großen Schatztruhe, die randvoll mit Schönheit, wertvollen Eigenschaften und ganz besonderen Fähigkeiten ist. Das Gold, das du als Spiegel deiner selbst nutzen kannst, zeigt dir diesen Schatz. Um Gold wurde immer schon gekämpft. Menschen sind fasziniert von der Pracht dieses Edelmetalls, weil es nur begrenzt vorhanden und jedes Körnchen wertvoll ist – so wie du.

Trage deinen Goldschmuck von nun an mit einem neuen Verständnis. Du bist mindestens so wertvoll wie das Gold, denn du bist einzigartig und damit noch viel wertvoller.

Karte:

Dein Selbstwert bestimmt deine Art, das Leben zu genießen. Neben Selbstliebe und Selbstvertrauen ist er einer der drei Grundwerte, die du immer wieder »aufpolieren« kannst. Daher kannst du die Karte als Botschaftsträgerin nutzen, damit du auf allen Ebenen (Verstand, Herz und Gefühl) verstehst, wie wertvoll du bist. Je intensiver du die Karte nutzt, desto höher steigt dein Selbstwert-Level in dir an. Spüre immer wieder in dich hinein, wie sich dein Wert gerade anfühlt, zum Beispiel auf einer Skala von 0 bis 100 Prozent. Sei ehrlich zu dir selbst. Wenn er eher gering ist, kannst du mit der Karte für Auffrischung sorgen.

Lege sie unter dein Kopfkissen, lies die Botschaft so oft wie möglich (mindestens morgens und abends), und stelle deine Speisen und Getränke auf die Karte, um sie aufzuladen. Nimm die Karte überallhin mit, und positioniere sie so, dass du sie sehen kannst, damit sie den ganzen Tag über ihre Energie für dich verströmen kann.

Wenn du vor einer Herausforderung stehst, die einen möglichst hohen Selbstwert fordert, kannst du sie vorher auf deinen Solarplexus kleben. Dort nährt sie dich am stärksten.

Auraspray:

Stelle dir vor, dass jedes winzige Tröpfchen des Aurasprays wie ein funkelndes Juwel ist. Wenn du den Sprühnebel über deinem Kopf in deine Aura schickst, überschüttest du dich sozusagen mit ganz vielen wertvollen Energiekügelchen. Sie lassen dich funkeln und strahlen. Deine Aura leuchtet, und dein Herz freut sich. Vor herausfordernden Situationen kannst du das Spray zusätzlich auf dein Solarplexus- und dein Nabel-Chakra sprühen.

Massageöl:

Da du ein rundum wertvoller Mensch bist, kannst du dich morgens oder abends komplett mit einem zarten, dünnen Film einölen. Am schönsten ist es nach dem Duschen, wenn die Haut frisch gereinigt und aufnahmefähig ist.

Um im Alltag deinen Selbstwert zu nähren, kannst du in kleinen und großen Pausen das Öl auf deinem Bauch verteilen. Stelle dir vor, wie dein Körper zu leuchten beginnt und aller Welt zeigt: »Ich bin wertvoll und wundervoll, wie ich bin. Ich stehe zu mir und meiner Art, das Leben zu betrachten. Es ist gut so. Schön, dass ihr mich alle so akzeptiert, wie ich bin.« Du wirst ganz anders durch deinen Tag gehen. Wenn du achtsam mit deinem Selbstwert umgehst und ihn auf einen guten Stand bringst, wird es für dich selbstverständlich werden, gut und liebevoll mit dir umzugehen.

Das Sternentor der Selbstliebe

Thema und Unterstützung bei:
– mit sich selbst liebevoll umgehen
– die eigene Einzigartigkeit finden und lieben lernen
– Versöhnung mit dem Leben
– sich selbst umsorgen und verwöhnen

Körper:
ganzer Körper, v. a. Herz

Naturessenzen:
Rose – mit sich selbst und anderen liebevoll umgehen, All-Liebe erfahren
Vanille – süße, warme Geborgenheit
Benzoe – wärmt das Herz, versöhnt mit dem Leben; sich selbst verwöhnen

Kristall:
Rosenquarz, Rosa Turmalin, Rosa Opal
Alle drei Kristalle möchten dir auf ihre Weise helfen, den Schleier zu lüften, hinter dem deine Selbstliebe verborgen ist. Denn sie war nie weg. Sie schlummert vielleicht oder ist tief in deinem Inneren vergraben. Jetzt ist die Zeit gekommen, diese wichtigste aller Energien zurück ans Licht deines Lebens zu holen. Alle drei Kristalle nähren dein Herz und deine Selbstliebe. Wähle den Stein, der am stärksten mit dir in Resonanz geht.

Du kannst deinen Kristall während einer Meditation auf dein Herz legen und mit ihm sprechen. Du kannst ihm Fragen stellen und dann in Ruhe lauschen, welche Worte und Bilder sich in dir formen. Spüre die Energie, die in dein Herz fließt. Dein Kristall wirkt wie eine Lupe im Sonnenschein: Er bündelt alle Liebe, die im Universum ist, und leitet sie in dich herein, bis sie dich erfüllt. Wenn du voller Liebe bist, kannst du auch erkennen, was für ein großartiger Mensch du bist. Ein so einzigartiges Wesen verdient es, geliebt zu werden. Du hast so viele wundervolle Eigenschaften, du hast ein ganz eigenes Leuchten, weil du eine göttliche Seele auf Erden bist. Du BIST Liebe – selbst, wenn du es manchmal vergessen solltest.

Dein Kristall hilft dir, hinzuschauen und zu erkennen, dass schon alles da ist. Du hast dir diesen Körper ausgesucht, bevor du auf die Erde gekommen bist. Du wolltest ihn genau so. Und auch deine Fähigkeiten, Träume, Wünsche und Ziele sind einzigartig. Sie gilt es ebenfalls zu lieben, denn sie sind ein Teil von dir. Auch deine Ecken und Kanten, deine seltsamen Angewohnheiten und deine Schwächen sind wichtige Facetten deines Seins.

Dein Herzkristall hilft dir, dich mit dir selbst zu versöhnen. Spüre, wie er dich bedingungslos akzeptiert und liebt. So, wie deine Schöpferquelle, aus der du einst kamst, dich rundum so liebt, wie du bist.

Nimm deinen Kristall mit in deinen Tag, und erinnere dich jedes Mal, wenn du ihn in die Hand nimmst und ihn anschaust, daran, dass du ein liebenswerter und besonderer Mensch bist. Lasse dich auffüllen mit Liebe, damit du aus Mangel endlich Fülle machen kannst – auf allen Ebenen. Erlaube dir, glücklich zu sein.

Lies diese Zeilen, während du deinen Kristall auf dein Herz legst oder ihn darauf geklebt durch den Tag trägst. Je näher er deiner Haut ist, desto direkter kann er auf dich wirken.

Reinige ihn zwischendurch, und bedanke dich dafür, dass er dir zeigt, wie schön es ist, dich selbst zutiefst lieben zu können.

Karte:

Die Botschaft der Selbstliebe darf sich dir in jeder Zelle einprägen, damit du nie wieder vergisst, wie liebenswert du wirklich bist. Trage die Karte bei dir, bis du das Gefühl hast, dass Selbstliebe das schönste und leichteste Gefühl ist, das du kennst. Trage sie, bis du vor einem Spiegel stehen und zu dir sagen kannst: »Dich finde ich klasse! Ich liebe dich so sehr, dass ich dich heiraten würde!« Es klingt lustig, doch es ist einfach ein gigantisches Gefühl, so zu denken. Ich weiß, wovon ich schreibe, und ich bin dankbar dafür, meine Selbstliebe wiederentdeckt zu haben.

Die Karte erinnert dich daran, dass alles schon da ist. Es gilt nur, hinzuschauen und hineinzufühlen. Du bist Liebe. Das ist eine Tatsache.

Du kannst die Karte auf dein Herz legen oder kleben und das Wasser, das du trinkst, damit informieren. Das Wichtigste ist, dass du mit dieser neuen Kraft endlich neue Wege gehen kannst – DEINE Wege. Denn jetzt kannst du dir erlauben, glücklich, frei und leuchtend zu sein.

Auraspray:

Das, was du innen fühlen kannst, möchte auch in deiner Aura leuchten. Der Sprühnebel reinigt dich von alten Glaubensmustern, die du über dich selbst hast. Alles wird weggesprüht, was nichts mit Liebe zu tun hat. Jetzt kannst du in deinem Licht strahlen. Die Liebe, die du innen fühlen kannst, zeigt sich nun auch im Außen. Fühle sie, und atme sie ein.

Massageöl:

Liebe dich selbst, indem du dir Gutes tust. Bedufte deinen Raum, indem du das Öl in eine Duftlampe gibst. Verreibe ein paar Tropfen in deinen Händen, und atme die Liebe ein. Öle dich ein mit dem Gefühl, wie kostbar, wertvoll und wunderschön du bist. Dies ist dein Körper, der von dir geliebt werden möchte. Dies ist dein Geist, der voller Liebe ist. Dein Verstand möchte dies hören, lesen, erkennen – er möchte es WISSEN. Deine Seele hingegen »schmunzelt« über ein solches Bedürfnis, denn sie bedarf einer solchen Versicherung nicht. Sie ist immer verbunden mit der höchsten Quelle der Liebe und allem, was existiert. Wenn du dich also voller Achtsamkeit einölst, gehe in Kontakt mit deiner Seele, und verbinde dich über sie mit der unendlichen, bedingungslosen Liebe, aus der du einst auf die Erde geboren wurdest.

Im Alltag kannst du das Öl zwischendurch auch immer wieder auf dein Herz-Chakra reiben und die Liebe dort ganz besonders intensiv fühlen. Von deinem Herzen aus verbreitet sie sich überall in dein Sein.

Liebe ist immer da – vor allem in dir selbst.

Das Sternentor des Diamanten

Thema und Unterstützung bei:
- Auflösung der Illusion
- absolute Klarheit und Reinheit
- löst emotionale Verstrickungen
- Stärke, Mut und Ausdauer

Körper:
Kopf

Naturessenzen:
Lavendel – Ruhe und Gelassenheit; Reinheit

Weihrauch – reinigende, klärende und erhebende Wirkung

Eukalyptus – regt den Geist an, erfrischt und fördert die Konzentration

Kristall:
Diamant, Bergkristall

Der Diamant ist der wertvollste und härteste Edelstein der Erde. Er hat ganz besondere Eigenschaften. Seine Reinheit und sein inneres Feuer sind bemerkenswert.

Der Bergkristall stellt eine schöne Alternative zum Diamanten dar. Beide Steine sind in ihrer Ursprungsform für die Menschen da, um ihnen Informationen, Klarheit und Weisheit zu schenken. Deshalb kannst du frei entscheiden, welcher dir lieber ist. Wenn du einen Bergkristall wählst, kannst du ihn eine Zeit lang auf die Sternentore-Karte des Diamanten legen. Auf diese Weise kann er sich mit dessen Botschaft auffüllen und sie an dich weitergeben.

Das ganze Leben ist ein Streich der Illusion. Dieser beginnt bei dem Gefühl, von allem getrennt zu sein. Es geht weiter mit dem Gefühl, nicht geliebt zu werden, und findet selten ein Ende. Erst, wenn du aufhörst zu denken, dass du weißt, wie das Spiel funktioniert, fängt es an, Spaß zu machen.

Dein Kristall hilft dir, dich einfach auf das einzulassen, was da ist. Wenn das Glück dann auf dich zukommt, kannst du es erkennen und annehmen. Wenn eine Prüfung durchlebt werden möchte, wirst du diese mit Gelassenheit und Klarheit meistern. Was auch immer zu dir kommt, will mit dir spielen. Dein Leben ist darauf ausgerichtet, die Schleier der Illusion einen nach dem anderen abzustreifen und letztlich einfach nur voller Lebensfreude deinen Tag zu erleben.

Lausche deinem Kristall, was er dir über deine Illusionen zu erzählen hat. In einer Meditation kann er dir wichtige Hinweise geben, wo du dir noch selbst im Weg stehst. Tauche zusammen mit seinem klaren Geist in deinen inneren Raum ein. Dort sind Antworten verborgen, die ihr gemeinsam finden könnt.

In deinem Alltag kannst du ihn als Begleiter immer wieder nutzen, indem du ihn bittest, den Schleier von dir zu nehmen. Diese einfache Bitte richtet dein Bewusstsein darauf aus, die jeweilige Situation durchschauen zu können. Du erkennst in einem Menschen, der dich ärgert und permanent herausfordert, den wahren Beweggrund. Unsere größten Widersacher entpuppen sich meist als unsere wichtigsten Lehrer. Du kannst besser ausmachen, was hinter den Alltagssituationen steckt, die dir immer wieder aufs Neue begegnen. Statt permanent das Gleiche zu durchleben und in einer Endlosschleife hängen zu bleiben, kannst du aussteigen und die Situation neu analysieren. Du erkennst, warum du immer wieder in die Falle tappst, und kannst die Ursache verstehen und heilen.

Dein Kristall ist ein großartiger Lehrer und Trainer. Wenn du dich ihm anvertraust, wirst du viel über dich und dein Leben lernen.

Karte:

Um den Schleier der Illusion aufzulösen, brauchst du den tiefen Wunsch und den Mut dazu. Meistens entpuppt sich das, was hinter der Illusion liegt, als viel leichter und schöner als das, was du dahinter vermutet hast. Doch diese Erfahrung musst du erst einmal machen. Danach wirst du ganz viel Freude daran haben, einen regelrechten »Schleiertanz« zu vollführen. Das, was unter den vielen Illusionen verborgen ist, ist deine wahre Seele.

Deine Karte begleitet dich. Sie bringt dich in die Schwingung, all dies zu verstehen – und zwar auf allen Ebenen, nicht nur mit dem Verstand. Auch dein Herz möchte endlich frei pulsieren und sich wieder mit der großen Einheit verbinden.

Um die irreführenden Gedanken aus deinem Verstand, dem großen Sammler der Glaubenssätze, auszufiltern, kannst du die Karte während einer liegend durchgeführten Meditation unter deinen Kopf legen. Bitte sie, dich zu befreien, und lasse alles aus dir hinausfließen, was dich blockiert. Schaffe Platz für neue, freie Gedanken, die voller Freude sind. Öffne dein Kronen- und dein Herz-Chakra. Tauche wieder ein in die Quelle deines Seins. Verbinde dich mit dem Schöpfungsfunken, und fühle dein ewiges Licht in dir leuchten.

Die Botschaft der Karte hilft dir, den Sinn der Illusion zu begreifen und zu verstehen, warum es ohne diese Illusion mehr Spaß auf der Erde macht. Lies die Worte immer dann, wenn du das Gefühl hast, dass dein Verstand wieder unter die Schleier schlüpfen und sich in die alte Opferhaltung zurückbegeben möchte. Du bist viel größer und stärker, als du glaubst. Das möchte dir das »Sternentor des Diamanten« vermitteln.

Auraspray:

Der Sprühnebel des Diamanten reinigt deine Aura von alten Glaubensmustern und irreführenden Gedanken. Er befreit dich von Altlasten und bringt dich wieder zum Leuchten. Stelle dir vor, wie du vollkommen erleichtert und befreit durch den Tag gehen kannst. Du siehst die Dinge klarer. Sie beginnen, aus sich heraus eine neue Ordnung zu bilden. Vor allem deinen Kopf kannst du mit dem duftenden Nebel erleichtern. Schließe die Augen, und atme dabei tief ein. Stelle dir vor, dass du alles aus dir hinausfließen lässt, was nicht mehr gut für dich ist. Das Licht des Diamanten erleuchtet dich.

Massageöl:

Mit dem Öl ist es dir möglich, deinen Körper darin zu unterstützen, neue Wege zu gehen. Deine Zellen können sich mit neuer Energie auftanken und so deine Achtsamkeit fördern. Vor allem im Kopfbereich kannst du dir viel Gutes tun. Du kannst deine Stirn und deine Schläfen mit dem duftenden Öl massieren. Wenn du es verträgst, kannst du dir auch die Kopfhaut massieren. Oder du lässt dich massieren, was den Entspannungs- und Meditationseffekt deutlich verstärkt. Besonders nachts entfaltet das Öl seine Wirkung, denn dann schläft dein Verstand, und dein aktives Unterbewusstsein ist in der Lage, dank der Unterstützung mit den alten Mustern aufzuräumen.

Am Tage ist es hilfreich, ein paar Tropfen in deinen Händen zu verteilen, kurz über deine Stirn zu streichen und dann ein paar tiefe Atemzüge aus deinen Händen zu nehmen. Stelle dir dabei vor, wie du deine Sicht schärfst und hinter die Illusion blickst. Höre auf dein Herz und deine Intuition. Sie wissen, was wirklich wichtig und richtig für dich ist. Der Diamant hilft dir dabei.

Das Kristall-Sternentor von Erzengel Michael und Lapislazuli

Thema und Unterstützung bei:

– Schutz und Weisheit
– die eigene Königlichkeit leben
– das Zepter des Lebens übernehmen
– handlungsfähig werden
– kreative Intuition
– flexible Stärke
– Selbstausdruck

Körper:

Kopfbereich, Herz

Naturessenzen:

Zeder – bringt Stärke und Flexibilität; erdend
Muskatellersalbei – verleiht Weisheit und Einsicht

Kristall:

Lapislazuli, Pyrit, Gold

Der Lapislazuli ist ein besonderer Edelstein. Er besteht streng genommen aus mehreren verschiedenen Steinarten. In seiner reinsten, edelsten Form ist er leuchtend königsblau. Dieses strahlende Blau inspirierte schon Herrscher auf der ganzen Welt und in vielen Epochen. So wurde der Lapislazuli zum Symbol der Macht, wurde in Kronen, Zeptern und Gemälden verarbeitet, um so die Präsenz des Königs zu verstärken.

Manchmal ist dieser besondere Stein mit weißen Quarzadern durchzogen, und meistens enthält er als glitzerndes Element auch Pyrit, das beinahe so schön glänzt wie Gold.

Alle drei Kristall- und Metallarten zeigen dir auf ihre Weise, dass auch in dir das Potenzial des Herrschers verborgen ist. Auch ist dir ihr Schutz sicher, wenn du ihn brauchst. Wähle den Kristall beziehungsweise das Metall, das dir am meisten Kraft gibt, wenn du es in Händen hältst.

Am wirkungsvollsten ist dein Kristall oder das Metall, wenn du es in einer Meditation auf deine Stirn legst. Auf diese Weise kann es am stärksten mit dir kommunizieren. Achte hierbei gut auf deine körperliche Reaktion. Wenn du spürst, dass dir die Energie ausreicht, nimm es achtsam und liebevoll beiseite.

Wenn der Kristall oder das Metall auf deiner Stirn liegt, kannst du dir vorstellen, dass es das Juwel in deiner unsichtbaren Krone ist. Bitte es und Erzengel Michael um ihren Beistand. Sie möchten dir zu verstehen geben, dass du mit deiner Macht etwas Sinnvolles tun kannst. Du hast viele Möglichkeiten, deine Fähigkeiten zum Wohle anderer einzusetzen. Lausche und fühle, was für Bilder und Worte für dich erscheinen. Vertraue dir selbst und der großen Engelenergie, die dich beschützt und dir hilft, die Angst vor deiner Macht zu verlieren.

Macht ist einfach nur ein wertfreier Ausdruck für dein Schöpferpotenzial.

Es kommt immer darauf an, was du daraus machst.

Im Alltag kannst du deinen Kristall in brenzligen Situationen als Symbol für deine innere Stärke bei dir tragen. Auch verbindet dich dein Kristall mit Erzengel Michael, der dich beschützt und dir Kraft gibt, damit du alle Situationen meistern kannst.

Karte:

Erzengel Michael gilt als der große, klassische Engel des Schutzes. Er ist die Verkörperung des Guten, Edlen und Ehrlichen. Seine große Güte und Liebe durchdringen jeden Schatten und machen ihn wieder zu Licht. Zusammen mit dem Lapislazuli wirkt er auf vielen Ebenen. Du kannst die Karte also in folgenden Situationen sehr gut als Kraftverstärker und aufbauende Energie verwenden:
- wenn du Schutz brauchst
- wenn du deine Position klarmachen möchtest
- wenn du handlungsfähig statt ohnmächtig sein möchtest
- wenn du nach deiner eigenen Weisheit leben und zu dir selbst stehen willst
- wenn du deine Macht und Schöpferkraft gezielt und bewusst einsetzen möchtest

Die Karte ist die vermittelnde Energie zwischen dir und den beiden Kräften, die sie symbolisiert. Stärke dich selbst, indem du die Botschaft immer wieder liest. Trage sie am Körper, bis du die Energie ganz in dich aufgenommen hast. Du hast es verdient, klar und kraftvoll durch dein Leben zu gehen.

Auraspray:

Konzentriere dich auf die wundervollen Energien von Erzengel Michael und Lapislazuli. Du kannst gezielt eine Bitte oder einen Wunsch an sie richten. Dann sprühe den Duftnebel in deine gesamte Aura. Sie wird dadurch leuchtender und dichter. Somit bist du gestärkt und geschützt. Wenn du dich selbst handlungsfähiger machen und weise agieren möchtest, schließe die Augen, und sprühe das Spray auf deine Stirn. Atme entspannt und tief ein. Fühle, wie sich deine Gedanken klären.

Wenn du das Spray direkt über deinem Kopf versprühst, stärkst du die Verbindung zu deiner Quelle und deinem eigenen Schöpfungspotenzial.

Massageöl:

Das Öl bietet dir, auf dem ganzen Körper liebevoll verteilt, einen feinen Schutzmantel. Du bist eingehüllt in die herrliche Energie von Erzengel Michael und Lapislazuli.

Um dich im Alltag auf einfache Weise schnell konzentrieren und klare, machtvolle Entscheidungen treffen zu können, kannst du ein paar Tropfen Öl in deine Hände geben, es tief einatmen und dann deine Hände bewusst massieren. So klärt sich dein Geist, und du bist in der Lage, entspannt aus deiner Intuition heraus zu HANDeln

Wenn du deine Stirn und deine Schläfen mit dem Öl massierst – vor allem abends, vor dem Schlafengehen – kannst du deine ganzen Gedanken auf dein nächstes Ziel konzentrieren. Bitte Erzengel Michael und den Lapislazuli, dich darin zu unterstützen und dir im Traum wichtige Botschaften zu schenken.

Das Kristall-Sternentor von Venus und Mondstein

Thema und Unterstützung bei:
- Weiblichkeit leben und annehmen
- die Tiefe deiner Gefühle anerkennen
- Sinnlichkeit
- der inneren Göttin Raum geben

Körper:
gesamter Bauchraum, Herz

Naturessenzen:
Rose – Weiblichkeit; das Geheimnis des Herzens finden
Vetiver – in die Tiefe gehen um zu wachsen
Geranie – gelassen aus der Mitte leben

Kristall:
Mondstein, Perle

Der Mondstein ist der Hauptstein dieses Kristall-Sternentores. Er ist der liebevolle Begleiter der Venus, denn er zeigt auf wunderschöne Weise die ganze Tiefe, schillernde Schönheit und die vielen Farben der Weiblichkeit. Seine Oberfläche schimmert verlockend, und wenn du in seine Tiefe schaust, entdeckst du immer neue, vielversprechende Ebenen. Besonders der Regenbogen-Mondstein hat ein sehr schönes, vielfarbiges Spektrum.

Die Perle ist kein Kristall oder Stein, sondern das Produkt von Muscheln, die unter bestimmten Umständen (auch von Menschenhand erzeugt) eigene Schalenzellen in ihrem Inneren zu Perlen heranwachsen lassen. Bis eine Perle aus vielen Schichten Perlmutt entstanden ist, können 3 bis 40 Jahre vergehen. Danach zählt sie zu einem der begehrtesten und wertvollsten Schätze der Erde – geboren aus dem Wasser der Welt.

Die Weiblichkeit ist in ihren Emotionen so wandlungsfähig wie das Meer und der Mond. Das Wasser steht klassisch für die Gefühle eines Menschen, für die ganze Bandbreite der Emotionen. Gefühle können tief sein, abgründig und dunkel. Sie können glitzernd und herrlich spiegelnd sein wie das Meer unter einer strahlenden Sonne. Sie können aufgewühlt, friedlich glatt oder gar stürmisch sein. All diese Kräfte sammeln sich in Perlen.

Der Mond, bzw. die Mondin oder Mondgöttin***, ist ebenfalls ein Symbol für die Weiblichkeit in ihren Phasen – prachtvoll rund oder zurückgezogen, geheimnisvoll, fast unsichtbar. Die Phasen des weiblichen Zyklus' entsprechen zeitlich in etwa den Mondphasen, die auch auf das Meer deutliche Auswirkungen in Form von Ebbe und Flut haben.

Ob du eine Perle oder einen Mondstein als Hilfe bei der Entdeckung und Stärkung deiner Weiblichkeit nutzt, liegt ganz in deinem Gefühl.
Beide kannst du in Meditationen auf zwei Weisen nutzen:

1. für Frauen und Männer:
    Lege den Kristall oder die Perle auf deinen Bauch. Möchtest du mit deiner weiblichen Intuition in Kontakt kommen, kannst du sie auf oder in deinen Nabel legen. Dort können sie voller Liebe die Energie in dir verstärken, damit du in Zukunft deutlicher auf dein Bauchgefühl hören und ihm vertrauen kannst.

***Während im Deutschen die Sonne weiblich und der Mond männlich ist, verhält es sich in vielen anderen Sprachen genau umgekehrt.

2. nur für Frauen:

Du legst sie auf deinen Unterleib, um deine sexuelle weibliche Kraft zu nähren. Als Frau ist dies eine der stärksten Energiequellen, die dir in deinem Leben zur Verfügung stehen. Du bist Schöpferin, die in der Lage ist, neues Leben auf die Erde zu bringen. Das ist eine unendlich wertvolle Gabe, selbst wenn du nicht Mutter wirst oder bist. Fühle die Verbindung zur Göttin der Weiblichkeit. Venus hilft dir, deine Weiblichkeit umfassend zu lieben und zu genießen. Du kannst deine Sexualität in Form des Leben spendenden Aktes wahrnehmen oder einfach, um den lustvollen Teil zu genießen. Alles steht dir offen, denn es ist dein Leben und dein Recht.

Du kannst die Perle oder den Mondstein auch in dein Trinkwasser legen. Dort wirken sie direkt auf deine Gefühle und den gesamten Energiekörper ein. Ganz besonders intensiv wirken beide nachts unter deinem Kopfkissen, denn sie bringen dein Unterbewusstsein an die Oberfläche – ähnlich wie der Vollmond. Lege dir am besten ein Notizbuch oder dein Lebensbuch an dein Bett, falls du dir die Erkenntnisse am Morgen oder in der Nacht aufschreiben möchtest.

Karte:

Venus und Mondstein haben eine wichtige Botschaft. Sie machen dir klar, dass in der Weiblichkeit eine große, wichtige Kraft steckt. Die Gesellschaft formt sich zum Glück langsam um und erkennt, dass eine rein männlich geprägte Lebensweise mit der Zeit immer kälter und emotionsloser wird, was sich dramatisch auf das Zusammenleben der Menschen auswirkt. Das haben wir in den letzten Jahrzehnten endlich begriffen. Ohne die vornehmlich als weiblich geltenden Eigenschaften wie Hingabe, Liebe, Mitgefühl und Geborgenheit verrohen die Menschen. Der Verstand allein führt die Evolution in eine Sackgasse. Nur Männer und Frauen gemeinsam können den Bestand der Menschheit sichern.

Erkenne, dass die weibliche Seite in dir wichtig ist für dein Leben. Als Frau ist sie deine treibende, liebevolle und nährende Energie. Nutze sie weise, voller Respekt und Achtsamkeit. Du hast es verdient, mit deiner Weiblichkeit glücklich zu sein.

Als Mann kannst du sie nutzen, um deine Gefühlswelt zu entdecken und/oder auszubauen. Achte auf deine Intuition und deine weichen, sanften Aspekte. Gib ihnen den Raum, der für dich angemessen ist. So werden beide Energien in dir im harmonischen Einklang sein.

Um diese Möglichkeiten zu nutzen, kannst du die Karte und ihre Botschaft so lange bei dir tragen, bis du das Gefühl hast, dass du im Einklang mit deiner Weiblichkeit bist. Nutze alle Möglichkeiten, die ich am Anfang dieses Kapitels beschrieben habe.

Besonders intensiv wirkt die Karte, wenn du dich während des Tages zum Beispiel daraufsetzt, sie in der Hosentasche trägst oder sie dir auf deinen Unterleib klebst. Dort wirkt sie auf deine unteren Chakren ein.

Wenn du das Gefühl hast, dass die Weiblichkeit in deinem Herzen genährt werden sollte, kannst du die Karte auch dorthin kleben oder in deinen BH stecken.

Auraspray:

Das Spray wirkt in deiner Aura, um dich von alten Glaubensmustern über Frauen zu befreien. Lass deine Aura reinigen, und nähre die Stellen an dir besonders, die sich vernachlässigt fühlen. Sei kreativ, und achte auf deine Intuition. Genieße den Duft und die Energie von Venus und Mondstein. Genuss ist ebenfalls eine sehr weibliche Eigenschaft.

Massageöl:

Wenn du die Möglichkeit hast, lasse dich mit dem Öl massieren. Ob es eine klassische Rückenmassage, eine Ganzkörpermassage oder sogar eine Tantra-Massage ist – es tut gut, sich berühren zu lassen und seinen Körper zu genießen. Es geht nicht um irgendein Schönheitsideal, dem du entsprechen musst, sondern um DICH. Du bist einzigartig und besitzt daher auch eine ganz eigene, prachtvolle Weiblichkeit.

Nähre dich selbst, indem du deine Brust und deinen Bauch mit dem Öl massierst und dich an deinem Körper erfreust. Atme den wohltuenden, sinnlichen Duft ein. Du kannst das Öl auch im Alltag benutzen und immer wieder deine Hände damit einölen und die Energie genießen.

Das Kristall-Sternentor von Mars und Granat

Thema und Unterstützung bei:
– Kraft und Ausdauer
– Mut, zur eigenen Meinung zu stehen
– Handlungs- und Umsetzungskraft
– stärkt die Belastbarkeit im Alltag
– Klarheit und Konzentration
– Hilfe in Prüfungssituationen und bei Verhandlungen

Körper:
gesamter Bauchraum

Naturessenzen:
Patschuli – erschließt uns die starke Kraft von Mutter Erde
Niaouli – anregend und befreiend
Rosmarin – stärkt die Belastbarkeit im Alltag; Klarheit und Konzentration, macht frisch

Kristall:
Granat, Rubin
Beide Edelsteine sind hell- bis tiefrot. Sie stellen eine direkte Verbindung zur Urkraft dieses Planeten dar. Sie tragen wichtige Informationen in sich, die dich mit dem »Blut« der Erde erfüllen. Sie bringen dein inneres Feuer zum Ausdruck und nähren es. Je stärker dein inneres Feuer brennt, desto mehr kannst du leuchten. Du kannst es lenken, damit es dir dient, statt dich zu verbrennen. Du hast die Macht. Beide Kristalle erden dich. Wenn du fest auf dem Boden stehst, kann dich nichts umwer-

fen. Du wirst zum »Fels in der Brandung« und hältst jedem Sturm stand. Du kannst im Alltag voller Kraft und mit großer Ausdauer deine Projekte umsetzen und aus deiner eigenen Tiefe heraus und voller Selbstbewusstsein handeln. Wähle den Kristall, der dir die meiste Wärme schenkt, wenn du ihn in der Hand hältst. Wenn es angenehm prickelt, ist es gut.

Dein Kristall dient dir, wenn du ihn respektvoll darum bittest. Lege ihn auf die Abbildung des Sternentores, damit er sich damit auffüllen und mit der Energie des Planeten Mars verbinden kann. Mars ist in der griechischen Mythologie der Kriegsgott – voller männlicher Energie und strotzend vor körperlicher Kraft. Mars dient dir als Stratege und machtvoller Schutz. So findest du treue und kraftvolle Unterstützung, wenn du deine männliche Energie erwecken möchtest.
Die Männer der Neuen Zeit wissen um ihre inneren Werte und Prinzipien. Sie können fair, weise und klar handeln. Sie sehen, was sie sind, und stehen für ihre Meinung voller Selbstvertrauen ein. Sie können kämpfen, müssen es jedoch immer weniger tun, weil ihr kraftvolles Auftreten und die mit Respekt und Klarheit gesprochenen Worte jeden Feind zum Freund machen.
Die Frauen, die sich offen ihrem einzigartigen Potenzial zuwenden, können ebenfalls ihre männliche Kraft wahrnehmen und anwenden – ohne ihre Weiblichkeit zu überdecken oder gar zu verlieren.

Dein Edelstein dient dir dazu, Harmonie zwischen dem männlichen und dem weiblichen Teil in dir zu erzeugen. So kannst du beide Kraftquellen nutzen, wenn du sie gerade brauchst. Nimm deinen Kristall mit zu Verhandlungen, wichtigen Gesprächen oder einfach, wenn du klar und selbstbewusst auftreten möchtest. Er hilft dir und tankt dich mit machtvollem Urvertrauen auf.

Karte:
Die Karte dient dir, ähnlich wie der Edelstein, zum Ausgleich deiner Energie und in wichtigen Situationen, wenn du die Kraft von Mars und Granat brauchst.

Du kannst dich in der Nacht mit ihren Energien auftanken, du kannst Speisen und Getränke damit aufladen oder einfach voller Konzentration die Botschaft lesen, um dein Bewusstsein zu erweitern.

Du kannst die Karte auch auf deinen Bauch kleben, um dich mit kraftvoller Energie zu versorgen.

Mars hilft dir, die richtigen Entscheidungen zu treffen und angemessen zu handeln. Granat hilft dir, dich zutiefst mit der Erde zu verbinden, damit du standhaft und satt mit Kraft und Urvertrauen bist.

Auraspray:

Nutze das Spray, um deine Aura rundum zu klären und zu verstärken. Lade ganz bewusst die Energien von Mars und Granat ein, um dich in wichtigen Situationen zu unterstützen. Atme tief den Duft ein, und konzentriere dich auf dein inneres, kraftvolles Potenzial. Du wirst spüren, wie du dich besser fokussieren kannst. Frische Energie erfüllt dich und macht dich mutig und stark.

Besonders vor wichtigen Gesprächen oder Prüfungen hilft dir das Auraspray.

Massageöl:

Das Öl unterstützt deinen Körper, die eigenen Kräfte zu mobilisieren. In dir steckt viel Feuer, das manchmal unterdrückt wird oder in Zeiten der Wut hochlodert. Das Öl hilft dir, das innere Feuer fühlbar zu machen, zu lenken und angemessen zum Ausdruck zu bringen.

Ob du deinen ganzen Körper – am besten vor dem Schlafengehen oder nach dem Duschen – einölst, ob du ganz bewusst deinen Bauch massierst oder einfach den Duft in den Händen verteilst und einatmest: Alles hilft dir, die männliche Kraft in dir zu wecken, damit du dem Leben mit Selbstsicherheit und Freude begegnen kannst.

Du kannst abends vor dem Schlafengehen auch deine Füße massieren. Dies schenkt dir Wärme, und du erreichst mit wenig Aufwand deinen gesamten Körper.

Das Kristall-Sternentor von
Erzengel Sandalphon und Goldberyll

Thema und Unterstützung bei:
- die Schönheit des Lebens erkennen
- goldene Fülle auf allen Ebenen
- Hingabe und Weiblichkeit (auch für Männer ausgleichend)
- emotionale Öffnung
- Harmonie im Solarplexus
- fröhliche Gelassenheit
- Kraft der Sonne

Körper:
Solarplexus

Naturessenzen:
Honig – wirkt ausgleichend; schenkt süße Geborgenheit und goldene Fülle
Fenchel – hilft, sich emotional zu öffnen; schenkt Wärme
Orange – fröhliche Gelassenheit; die geballte Kraft der Sonne

Kristall:
Goldberyll, Citrin, Alabaster
Alle Vertreter der drei Mineralien-Gruppen kannst du für die oben genannten
Unterstützungen nutzen. Sie haben unterschiedliche Aspekte:

Der Goldberyll ist die tragende Kristallkraft des Sternentores und leuchtender
Begleiter von Erzengel Sandalphon. Beide schwingen sehr hoch und bringen das
Energiefeld eines Menschen mit ihrem Licht stark zum Leuchten. Der Goldberyll

trägt viel Sonnenkraft in sich und wirkt als Vermittler der nährenden Energie unseres Heimatsterns. Trägst du ihn auf deinem Solarplexus, kannst du förmlich spüren, wie dein Selbstbewusstsein und Selbstvertrauen aufgefüllt werden. Die Wärme, die Liebe und die geballte Kraft der Sonne fließen in dich herein. Erzengel Sandalphon kann den Kristall als Vermittler nutzen, um dich in seine weichen Flügel zu hüllen und dir klare Sicht auf die Schönheit des Lebens zu schenken.

Der Citrin ist ebenfalls ein Vermittler für die Wärme und prickelnde Energie der Sonne. Physikalisch gesehen ist er ein Amethyst, der unter größerer Hitze in der Erde – oder durch Menschenhand – entstanden ist. Somit steckt in ihm ebenfalls ein transformierender Aspekt, der dir hilft, dich zu erneuern. Durch sein Licht wird auch dein Licht geläutert und gereinigt, damit du dich traust, dich in deiner ganzen Schönheit zu zeigen.

Alabaster ist eine Sedimentablagerung von Meerwasser. Es entstammt den Urmeeren der Erde, ist also vom Element her für deine Gefühlswelt zuständig. Alabaster war im Altertum ein beliebter Schmuckstein, weil er die Schönheit der Frauen auf sanfte Weise verstärkt. Alabaster gibt es für die körperliche Anwendung als besonders schöne Handschmeichler. Du kannst die Energie dieses weichen, glatten Steins wunderbar über deine Hand-Chakren aufnehmen und sie bewusst durch deinen ganzen Körper fließen lassen. In Meditationen kannst du ihn gut auf deinen Solarplexus legen. Er dient zur Verstärkung deiner Intuition und Sinnlichkeit.

Karte:

Um die Schönheit deines Lebens wirklich zu erkennen und aufzunehmen, kannst du die Karte wie einen Glücksbringer bei dir tragen. Erzengel Sandalphon und Goldberyll sind hervorragende Sinnesverstärker, die deinen Fokus jeden Tag neu auf die Sonnenseite des Lebens lenken.

Klebst du die Karte auf deinen Solarplexus oder trägst sie in deiner Hosenta-sche, fließt die Energie durch deinen Körper und informiert alle Zellen, dass nun neue Wege eingeschlagen werden. Du programmierst dich quasi selbst um – vom Schatten des Lebens in die strahlende Sonne deines Seins.

Auraspray:

Fühle, wie das Spray dein inneres Licht »anknipst«. Erlaube dir, zu leuchten, die schönen Dinge am Wegesrand zu sehen, liebenswerten Menschen zu begeg-nen. Du bist schön – zeige es!
Mit dieser Aufmerksamkeit kann das Auraspray noch besser wirken. Es erhellt dich selbst und auch die Räume, in denen du es versprühst.

Massageöl:

Wenn du dich mit dem Öl massierst, streifst du gleichzeitig die Schleier ab, die deine Schönheit verstecken. Du lässt das Licht des Lebens in dein Sein dringen, sodass es dich von Kopf bis Fuß erfüllt und dir Heiterkeit und Gelassenheit schenkt.
Massiere deinen Solarplexus, deine Füße und Hände. Atme den Duft und spüre die Schönheit in dir und um dich herum. Du hast es verdient, rundum glücklich zu sein und dein Licht der Welt zu zeigen. Sei achtsam mit dir, und schenke dir die Liebe und Aufmerksamkeit, nach der du dich so sehnst. So können diese Energien immer stärker auch von außen in dein Leben fließen.

Das Kristall-Sternentor der klaren Kommunikation und Coelestin

Thema und Unterstützung bei:
- Kommunikation von Herz zu Herz
- klare Energie, die in die richtige Richtung fließt
- aus reinem Herzen sprechen und handeln
- Mut, die Wahrheit auszusprechen
- löst blockierte Gefühle und bringt sie in Fluss

Körper:
gesamter Kopfbereich

Naturessenzen:
Schafgarbe – schützend und heilend
Lavendel – klar und zentriert sein; aus reinem Herzen sprechen können
Thymian – verleiht den Mut, die Wahrheit auszusprechen und zu leben

Kristall:
Coelestin, Bergkristall
Beide Kristalle können dich im Alltag ganz wunderbar begleiten und die Energiequelle in dir immer aufs Neue aktivieren. Sie bringen Klarheit und weites Bewusstsein – besonders in Situationen, in denen du dich und dein Wesen deutlich kommunizieren möchtest.

Der Coelestin ist der Hauptkristall des Sternentores. Er ist ein hellblauer Quarz, der ein wenig Ähnlichkeit mit dem Bergkristall hat, jedoch zartere, geriffelte Spitzen bildet. Seine wunderschöne, wasserhelle Energie dringt tief ins Gefühl und stärkt deine Klarheit. Er wirkt direkt auf dein Kehl-Chakra und öffnet gleichzeitig das Kronen-Chakra, um dich an deine ursprüngliche Quellenergie anzubinden. Du kannst also aus der höheren Ebene deines Selbst sprechen, während kontinuierlich Energie aus dem Quellbewusstsein in dich fließt. In stillem, tiefem Vertrauen kannst du dich selbst spüren und gleichzeitig mit der Welt und ihren Bewohnern im Einklang sein. Besonders schön ist es, den Coelestin meditativ zu betrachten. Lass dich hineinsinken in diese Energie, die dich erweitert und gleichzeitig von altem Gedankenballast reinigt. Lass deine Kehle durchspülen, damit Worte der Weisheit fließen können. Fühle, wie frische Energie durch deinen Körper strömt.

Der Bergkristall birgt eine hoch schwingende, glasklare Energie. Sie neutralisiert das Dunkle in dir und bündelt deine Kraft, sodass du dein Licht deutlich zeigen kannst. Wenn du mit einem Bergkristall meditierst, kannst du eintauchen und diese Welt von innen heraus wahrnehmen. Du kannst in deinen heiligen inneren Raum tauchen und dich mit deiner inneren Energiequelle verbinden. Lasse sie sprudeln, damit dein Leben wieder in Fluss kommt. Lasse dich vom Bergkristall neu informieren und zu frischen Ideen und Impulsen anregen.

Karte:

Die Karte dieses Kristall-Sternentores ist eine kraftvolle Energiequelle. Wann immer du dich müde und innerlich unmotiviert fühlst, kannst du dich mit ihrer Hilfe in Aktion bringen lassen. Ohne dich durch Kaffee oder andere stimulierende Mittel aufputschen zu müssen, kannst du allein durch deine innere Entscheidung neue Kraft gewinnen. Erlaube dir, dich wohlzufühlen, dich klar ausdrücken zu können und einfach voller Lebensfreude durch den Tag zu gehen. Du kannst dich auf die Karte setzen, um dich über dein Basis-Chakra von unten herauf »durchschwingen« zu lassen.
Auch deine Getränke und Speisen können diese intensive Energie wunderbar aufnehmen und sie von innen heraus an dich weitergeben.

Unter das Kopfkissen solltest du sie in der Nacht nur dann legen, wenn du vorher ganz deutlich die Bitte an das Sternentor formuliert hast, dass du intensive, deutliche Träume möchtest. Ansonsten könntest du eine unruhige Nacht erleben.
Als Meditationshilfe reinigt die Karte, wenn du sie unter deinen Kopf oder Hals legst, deine oberen Chakren und deinen Geist.

Auraspray:

Besonders intensiv wirkt das Spray über deinen Kopf auf die oberen Chakren. Konzentriere dich während des Sprühens auf Klarheit, und lasse alle blockierenden Gedanken los. So können neue, frische Impulse deinen Geist und deinen Verstand inspirieren. Auch in Räumen, in denen wichtige Gespräche stattfinden, kann das Spray eine Atmosphäre von Klarheit und Frieden erzeugen. So können Worte der Wahrheit fließen, die nicht verletzen, sondern liebevoll und kreativ wirken.

Massageöl:

Weil besonders die Chakren des Kopfes von der Energie des Kristall-Sternentores profitieren, kannst du vor allem dein Gesicht liebevoll mit dem Öl massieren. Spare die Haut um die Augen großzügig aus, da manche Öle »kriechen« und dann deine Augen reizen könnten. Versorge besonders deinen Hals mit der Energie der klaren Kommunikation, wenn du vor wichtigen Gesprächen stehst.
Wenn du es gut verträgst, kannst du deine Kopfhaut mit dem Öl verwöhnen, indem du es intensiv und in kreisenden Bewegungen einmassierst oder einmassieren lässt – zum Beispiel vom Friseur vor dem Waschen oder von einem lieben Menschen.
Für einen besonders intensiven Effekt kannst du das Öl auch über Nacht einwirken lassen und morgens wieder auswaschen. Hier gilt das Gleiche wie für die Anwendung der Karte: Deine Träume werden sehr klar und deutlich sein, was den Erholungseffekt der Nacht allerdings dämpfen kann. Nutze es also nur, wenn du am nächsten Tag nicht unbedingt in aller Frühe wichtige Termine hast.

Das Kristall-Sternentor von Erzengel Raphael und Malachit

Thema und Unterstützung bei:
– Heilung
– Weisheit und inneres Gleichgewicht
– die Bedürfnisse des Körpers wahrnehmen
– öffnet den Geist für größere Zusammenhänge
– Staunen und Ehrfurcht vor dem »Wunder Leben«

Körper:
Herzbereich; Körperstelle, an der Heilung benötigt wird

Naturessenzen:
Myrrhe – Brücke zur feinstofflichen Welt; heilt alle Wunden bis zurück in die Kindheit
Weihrauch – schenkt Staunen und Ehrfurcht vor dem »Wunder Leben«
Neroli – Lichtblick in dunklen Momenten

Kristall:
Malachit, Grüner Aventurin, Prasem
Der Malachit ist der Hauptkristall dieses Sternentores, doch alle drei grünen Edelsteine sind wundervolle Unterstützer, um dich in deine Selbstheilung zu führen. Sie wirken alle auf das Herz-Chakra. Es gibt sie in unterschiedlichen Farbtönen. Vor allem der Malachit zeigt sich nicht nur in den verschiedensten Grüntönen, sondern kann von beinahe weiß bis fast schwarz changieren. Manchmal braucht es Dunkelheit, um die Angst vor Veränderung in Licht zu verwandeln. Und oftmals ist es genau diese Angst, die einen Menschen krank

werden lässt. Je früher du reagierst, desto schneller kann Heilung eintreten. Lege deinen ausgewählten Kristall auf das Bild des Sternentores, damit er sich mit der Energie von Erzengel Raphael verbinden kann.

Heilung kann für dich auf vielen Ebenen geschehen: körperlich, geistig oder emotional. Heilung bedeutet Harmonie zwischen allen Elementen, die dein Sein darstellen. Wenn du im Frieden und in Harmonie mit dir selbst bist, bist du vollkommen heil. Die Kristalle helfen dir dabei, in diesen Zustand zu gelangen.

Am deutlichsten wirkt der von dir auserwählte Kristall auf dem Herzen. Da dein Herz dich mit deiner höchsten Weisheit und deiner Urquelle verbindet, kann dort auch die Heilung beginnen. Lege während einer Meditation deinen Kristall auf dein Herz und bitte ihn, dir eine Botschaft zu geben, warum du krank geworden bist. Öffne deinen Geist, lasse alle Gedanken an dir vorüberziehen wie Wolken am Himmel, und fühle deinen inneren Raum. Was auch immer kommen mag – Worte, Bilder, Gefühle – ist angemessen. Manchmal braucht es eine Weile, die Botschaft zu entschlüsseln, manchmal ist sie sofort sonnenklar.
Schreibe dir am besten auf, was du erfahren hast, denn so kommst du Schritt für Schritt weiter auf deinem Lebensweg. Dein Körper vermittelt dir in seiner Sprache, was wichtig für dich ist. Wahrscheinlich hat er schon lange vor der Krankheit auf unterschiedliche Weise versucht, dir deutlich zu machen, dass du deinen Weg verlassen hast. Doch die Signale waren zu schwach oder die Angst vor Veränderung war zu groß. Jetzt ist der Zeitpunkt gekommen, genau hinzuhören. Heilung ist möglich – wenn du dir selbst gut zuhörst.
Nachts, unter dein Kopfkissen gelegt, schenkt der Kristall dir im Traum ebenfalls wichtige Botschaften.

Du kannst deinen Kristall so lange bei dir tragen, bis du das Gefühl hast, dass du die Signale mit Kopf, Herz und Bauch verstanden hast. In dieser Phase wirst du viele Möglichkeiten geboten bekommen, dich positiv zu verändern. Hier wirkt das Gesetz der Resonanz besonders stark: Hast du dich einmal entschlossen, gut für dich zu sorgen, liefert das Leben dir viele Chancen und Ideen, wie es glücklich für dich weitergehen kann. Öffne dich für neue Möglichkeiten – dein Kristall hilft dir, sie zu erkennen.

Trage ihn möglichst auf der Haut, als Anhänger, in deiner Hand oder aufgeklebt auf deinem Herzen. So kann er am direktesten wirken.

Karte:

Um ein Verständnis von dir selbst auf allen Ebenen zu bekommen, kannst du die Karte so lange bei dir tragen, bis du das Gefühl hast, dass die Botschaft von Erzengel Raphael und Malachit in deinem System angekommen ist.

Du kannst die Karte auf der Haut über deinem Herzen tragen oder, falls dies möglich ist, an der Stelle, an der du Heilung benötigst. Sei achtsam, was dir guttut. Sollte die Körperstelle, die Heilung braucht, sehr empfindlich sein, kannst du die Karte auch während einer Meditation oder in der Nacht in deine Nähe legen.

Konzentriere dich darauf, dass alle Zellen deines Körpers zurück in ihren ursprünglichen, gesunden Zustand finden. Fülle dich mit Licht und Liebe auf, die du dir direkt aus der Quelle allen Seins schenken lässt. Lasse dich durchfluten von heilsamer Kraft. Fülle dein Herz und jeden Winkel deines Körpers mit Licht. Alle Blockaden werden transparent und zerfließen. Energie kann wieder ungehindert durch dich hindurchströmen und deine Zellen mit wertvoller Nahrung versorgen. Stelle dir vor, dass die Stelle deines Körpers, die im Moment am meisten Liebe und Aufmerksamkeit braucht, vor lauter Glück und Freude pulsiert. Stelle dir vor, dass sich jede Zelle in ihren gesunden Zustand zurückverwandelt. Nun kann dein Körper alle Selbstheilungskräfte mobilisieren.

Du kannst die Karte auch in allen anderen Formen verwenden, die ich am Anfang des Kapitels aufgelistet habe. Spüre in dich hinein, woran du Freude hast,
und lasse dir von deiner Intuition helfen.

Auraspray:

Das Spray kannst du in deiner gesamte Aura versprühen und natürlich an der
Stelle, die gerade besonders viel Aufmerksamkeit benötigt. Sei bitte achtsam,
ob es deinem Körper guttut. Wenn ja, wende es so oft an, wie es dir Freude
macht. Deiner Aura ist es möglich, sich mit der heilsamen Kraft von Erzengel
Raphael und Malachit zu reinigen und aufzufüllen. So kann auch dein Energiefeld von außen den Selbstheilungsprozess unterstützen.

Massageöl:

Wenn dein körperlicher Zustand es zulässt, dann massiere vor allem deinen
Brustkorb mit dem Öl. Heilung beginnt immer im Herzen. Auch die Körper-
stelle, die gesund werden möchte, kannst du einölen, sofern es keine offene
Wunde ist oder sie mit einem Verband oder Gips geschützt wird. Wenn du in
ärztlicher oder heilpraktischer Behandlung bist, frage bitte nach, ob es deinen
Gesundungsprozess unterstützen kann, wenn du das Öl anwendest.
Eine liebevolle Massage deines Rückens, deiner Hände und Füße kann dich
jederzeit aufbauen und stärken.

Das Sternentor der Gegensätze und des Ausgleichs

Thema und Unterstützung bei:
- Verständnis für die Dualität der Welt
- Ausgleichen der Energien
- Verbindung zwischen Himmel und Erde
- Klärung des Selbstbildes
- Intuition und inneres Gleichgewicht

Körper:
Kopf, Herz, Steißbein, Füße

Naturessenzen:
Weihrauch – bringt das »Geplapper« im Kopf zum Schweigen; das innere Licht des Geistes wird entfacht

Narde – flößt Herz und Seele Hoffnung ein, sodass der gewählte Weg heiter und demütig beschritten werden kann

Lavendel – Äskulap, dem Gott der Medizin, geweiht; behebt Verletzlichkeit, die den Selbstausdruck blockiert

Kristall:
Achat, Bergkristall

Um diese Welt der Dualität wirklich zu verstehen, brauchst du ein Gefühl von Gelassenheit. Die meisten Dinge, die dir begegnen, nimmst du durch deinen ganz speziellen Filter aus Erfahrungen wahr. Deshalb heißt es, dass das ganze Leben eine Illusion ist. Nur du allein entscheidest – über deinen Verstand und deine Gefühle –, was du mit deinen Sinnen aufnimmst und verarbeitest. Somit bist du Schöpfer/Schöpferin deiner eigenen Realität. Du hast bewusst gewählt, auf diese Erde zu kommen – mitten hinein in die Polarität, die Dualität.

Auf dieser Welt gibt es Licht und Schatten, Hitze und Kälte, Freude und Leid, Trauer und Glück – direkt nebeneinander. Damit du nun die volle Selbstverantwortung annehmen kannst, und dies besser verstehen und ertragen kannst, helfen dir die beiden oben genannten Kristalle.

Der Achat ist ein treuer Begleiter, der auf seine ganz spezielle Weise schützt, Klarheit bringt und die Illusion aufhebt. Mit seiner Hilfe kannst du deine Sichtweise erweitern und mit der Zeit auch wertvolle Dinge und Menschen wahrnehmen, an denen du bisher achtlos vorbeigegangen bist. Meistens nimmst du die schönen Momente, die dich glücklich machen können, nicht wahr, weil dein Verstand blockierende Glaubenssätze in sich trägt, zum Beispiel: »Ich bin es nicht wert, glücklich zu sein«, oder: »Ich habe es nicht verdient ...«, »Ich bin nicht gut genug, um ...« usw.

Der Achat hilft dir, wenn du ihn liebevoll darum bittest, diese Blockaden aufzuheben, und zeigt dir eine neue, leuchtende Welt. Mit seiner Hilfe findest du dein inneres Gleichgewicht wieder. Er schenkt dir das Gefühl, dass du es verdient hast, in dieser dualen Welt rundum glücklich und voller Licht zu sein.

Der Bergkristall ist der beste Freund, wenn du dich von Kopf bis Fuß klären und reinigen möchtest, um frisch in die Welt zu gehen. Er unterstützt dich darin, deine Gedanken zu ordnen, inneren Frieden zu finden und dir selbst eine neue Stabilität zu geben. Übergib ihm vertrauensvoll dein inneres Chaos, und spüre, wie er dich neu ordnet. Glasklar und rein, voller Licht und Zuversicht kannst du neue Wege gehen. Die Gegensätze erscheinen dir nicht mehr so zermürbend, sondern du kannst akzeptieren, dass du in diese Welt geboren werden wolltest. Alles bekommt einen neuen Glanz, weil du voller Freude auf der Erde sein kannst.

Beide Kristalle möchten direkt auf deiner Haut getragen werden, entweder als Schmeichelstein oder als Schmuckstück. Sie möchten betrachtet werden und mit dir von Herz zu Herz sprechen, denn sie tragen viel Weisheit in sich.

Karte:

Das Sternentor möchte mit seiner tiefgreifenden Botschaft, die du auf der Karte lesen kannst, deinem Verstand neue Informationen geben, damit er dir das Leben in der Dualität erleichtern kann. Gleichzeitig möchte es dich tief mit der Erde verbinden, damit du dich auf deinem Heimatplaneten rundum sicher und wohl fühlen kannst. Du kannst also die Karte während deiner Meditation sowohl am Kopf als auch am Steißbein tragen. Je nachdem, was dir gerade wichtiger ist.

Du kannst die Karte im Alltag in die Hosentasche stecken und dich daraufsetzen, damit sie dich mit der Erde verbinden kann.

Zudem ist das Bild des Sternentores wundervoll, um es immer wieder in Ruhe zu betrachten. Dein Geist kann über deine Augen und dein Herz neues Gleichgewicht in dich hereinbringen.

Auraspray:

Du brauchst neues Gleichgewicht und möchtest hinter die Illusion der Gegensätze blicken? Dann sprühe den Duftnebel in deine Aura, und fühle, wie sich der Schleier hebt und das Chaos in dir zur Ruhe kommt. Atme tief und ruhig ein und aus. Entscheide, ob du dich auf das Licht oder den Schatten konzentrieren möchtest. Es ist deine freie Wahl. Das Spray hilft dir, dich liebevoll zu stabilisieren.

Massageöl:

Auf dem Weg der Erkenntnis ist ein klarer Verstand, der dich unterstützt und für dich wirkt, sehr wichtig. Das Öl kann dir helfen, deine Gedanken zu ordnen. Du kannst dein Gesicht und deine Ohren damit sanft massieren, denn so bringst du wundervolle Ruhe in deinen Kopf und deinen ganzen Körper. Wenn du es verträgst, kannst du auch deine Kopfhaut mit dem Öl massieren und es so lange wirken lassen, wie du magst.

Dein Herz ist die Verbindung zwischen deiner gesamten Umwelt und deinem Sein. Massiere deinen Brustkorb und fühle, wie deine Schwingung sich neu ausdehnt und dich mit allem verbindet, was existiert. So erhält dein Energiefeld ein neues Gleichgewicht, und du kannst viel freier und entspannter durch die Welt der Gegensätze wandern.

Um dich tief mit der Erde zu verbinden, massiere dein Basis-Chakra (rund um das Steißbein) mit dem Öl. Konzentriere dich darauf, dass du ein Kind dieses Planeten bist. Je stärker du die Verbindung zu Mutter Erde fühlst, desto stabiler kannst du im Leben sein. Du wirst immer von ihr geliebt, getragen und genährt. Du kannst dich in dieses Gefühl geborgen einkuscheln und dich mit frischer Energie auftanken.

Wenn du deine Füße mit dem Öl massierst, bekommst du einen festeren Stand. Du kannst aufrecht und klar deinen Weg gehen und bringst frische Energie in deinen ganzen Körper.

Das Sternentor des Mitgefühls

Thema und Unterstützung bei:
– tiefe Erkenntnis und Liebe zum Leben
– Unterscheidung zwischen Mitleid und Mitgefühl
– Freude und Liebe zeigen können
– emotionale Stabilität

Körper:
Herz

Naturessenzen:
Ylang Ylang – gibt dem Geist die natürliche Fähigkeit zurück, Lebenslust und Freude auszudrücken; bringt ins Gefühl
Geranie – stellt die Verbindung zum Gefühlsleben her
Muskatellersalbei – wirkt geistig und seelisch aufhellend und euphorisierend

Kristall:
Rosenquarz, Granat
Beide Kristalle sind wundervolle Helfer, um dein Herz zu nähren und zu allererst Mitgefühl für dich selbst zu entwickeln. Damit beginnt und endet alles.

Der Rosenquarz unterstützt dich dabei, deine eigene Liebe zu spüren, damit du dein Herz bereitwillig für andere Seelen öffnen kannst. Er hilft dir, liebevoll zu kommunizieren, und schenkt dir so viel Herzenskraft, dass du zwischen Mitgefühl und Mitleid unterscheiden kannst. Besonders, wenn du gern anderen Menschen und Wesen auf dieser Welt hilfst, kann es schnell geschehen, dass du mit deinen Mitgeschöpfen leidest. Dann bist du ihnen keine Hilfe, weil du in ihre tragische Energie eintauchst, die dir sämtliche Kraft raubt.

Der Rosenquarz gibt dir den Mut, dich angemessen abzugrenzen. Somit kannst du aus deinem ehrlichen Gefühl heraus entscheiden, wie weit du deine Unterstützung anbietest. Die Neue Zeit fordert von allen Menschen, gut auf die eigene Energiequelle achtzugeben, damit diese nicht versiegt. Der Rosenquarz verbindet dich mit deinem Ursprung und dessen bedingungsloser Liebe, die dich immer wieder auffüllt, damit du mit Freude und Leichtigkeit durch dein Leben gehen kannst. So bist du für viele Menschen ein Licht im Dunkeln und kannst deine Erkenntnisse achtsam vermitteln.

Der Granat erdet dich liebevoll auf pulsierende Weise. Du fühlst die Verbindung zum Herzen der Welt und schwingst in dessen tiefem Rhythmus. So bist du imstande, mit allen Seelen voller Hingabe zu kommunizieren und dabei immer ganz in deinem Zentrum zu sein. Die Kraft der Erde erfüllt dich. Du bist ein Fels in der Brandung und kannst klar entscheiden, wohin deine Energie fließt. Auch der Granat hilft dir, dich sinnvoll abzugrenzen und dennoch im Mitgefühl zu bleiben. Er macht dir deutlich, dass jeder Mensch für sich selbst und sein Leben die Verantwortung hat. Du hast die volle Verantwortung für dich und kannst jetzt gut dafür sorgen, dass du glücklich bist und es bleibst – egal, in welche Situation du kommst.

Wähle den Kristall, der sich in deinem Zustand am liebevollsten anfühlt. Er möchte dich in deinem Alltag begleiten. Dicht am Herzen getragen wirkt er am stärksten. Nimm ihn immer wieder in die Hand, um seine Kraft und Liebe zu fühlen. Verbinde dich über den Kristall mit allen Seelen der Welt, und achte sorgsam darauf, welche Gefühle du dabei hast. Sobald du wieder in Mitleid verfällst, kannst du entspannt atmen, dein Mitleiden beenden und in ein freies Mitfühlen wechseln.

Trage deinen Kristall bei dir, wenn du anderen Menschen helfen möchtest oder in Situationen kommst, in denen du vorher viel Mitleid gespürt hast. Dein Edelstein hilft dir, deine Selbstliebe zu fühlen und die Selbstverantwortung der anderen Seelen anzuerkennen. Ändere, was zu ändern ist, doch leide nicht für andere. Jede Seele entscheidet für sich: Schatten oder Licht. Du hast deine Seite bereits gewählt: Dein Weg und deine Bestimmung ist Lebensfreude.

Karte:

Wenn du dein Mitgefühl trainieren möchtest, kannst du die Karte mehrere Tage lang konsequent bei dir tragen. Besonders gut dient sie Menschen, die in Heilberufen oder anderen sozialen Diensten arbeiten. Dort ist die Grenze zwischen Mitleid und Mitgefühl oft fließend.

Du kannst die Botschaft der Karte lesen, sie auf deinen Stuhl und unter dein Kopfkissen legen, deine Speisen und Getränke mit diesem wichtigen Gefühl energetisieren und das Sternentor mit seiner schönen Schwingung immer wieder betrachten. So dehnt sich dein Mitgefühl immer weiter in dir aus und verbindet dich mit allem, was existiert.

Wenn du mehr zum Thema Mitgefühl erfahren möchtest, kannst du zum Beispiel auch verschiedene Bücher des Dalai-Lama lesen. Als ich das Sternentor gemalt habe, habe ich mich voller Hochachtung und Dankbarkeit mit Seiner Heiligkeit verbunden, denn er verkörpert für mich wahre Weisheit und Mitgefühl. Die ursprünglichen Lehren des Buddhismus fließen in dieses wichtige und wertvolle Bild mit ein. Es kann auch dir dienen, deinen mittleren Weg zu gehen – jenseits der Extreme. So, wie Buddha es einst empfohlen hat.

Auraspray:

Das Spray stärkt deine Aura und dein Herz. Du kannst es bei dir tragen, wenn du in Situationen kommst, in denen du Menschen helfen möchtest oder in denen du früher zu sehr mitgelitten hast. Stärke dich vorher mit einem Sprühstoß über deinem Kopf und auf dein Herz. Atme den schönen Duft, und fühle deine Mitte. Spüre deine Verbindung zur Erde, die Liebe zu dir selbst und deine sprudelnde Energiequelle. Wenn du ganz in deiner Kraft bist, wenn du glücklich und zufrieden bist, kannst du anderen Seelen viel besser helfen.

Massageöl:

Du bist ein wertvoller Mensch mit einem großen Herzen. Deine Gefühle möchten fließen und dein Licht möchte leuchten. So bist du fähig, ein Vorbild für andere Menschen zu sein, die um dich herum noch in ihrer Opferrolle und im Leid verharren. Es nützt nichts, zu missionieren. Doch je mehr du selbst das Leben und seine Möglichkeiten nutzen und genießen kannst, desto mehr Menschen erwachen um dich herum. Sie fragen sich und später vielleicht auch dich, warum du so glücklich bist. Dann kannst du es ihnen erzählen.

Das Öl hilft dir, indem es deine Zellen und deine Gefühle stärkt. Massiere es auf dein Herz, wenn du die Botschaft gelesen hast. Du kannst auch deinen ganzen Körper einölen, um dich in eine liebevolle Energie aus Mitgefühl zu hüllen. So ist es dir möglich, frei und ehrlich zu entscheiden, ob du gerade helfen kannst oder willst. Du kannst deine eigenen Grenzen besser achten und gibst nicht mehr, als gut für dich ist. Dein Mitgefühl für dich selbst ist das Maß, in dem du mit der Welt fühlen kannst.

Das Sternentor des Neubeginns

Thema und Unterstützung bei:

- Mut und Freiheit
- Klarheit, Kraft und Konzentration zur Verwirklichung
  der Vorhaben
- Befreiung von Beengtheit und Begrenzungen
- gibt dir Klarheit, sodass Inspiration fließen kann
- Abenteuerlust
- Wachstum

Körper:
Herz, Solarplexus, Hände, Füße

Naturessenzen:
Rosmarin – Klarheit, Konzentration und die Kraft zur Verwirklichung
Vetiver – begleitet dein Wachstum im Alltag
Eukalyptus – beschwört ursprüngliche, beherzte Abenteuerlust herauf; Freiheit

Kristall:
Citrin, Peridot
Jeder Tag kann ein Neuanfang sein. Es gibt die kleinen und die großen Abenteuer des Lebens, die deinen Mut und dein Selbstvertrauen fordern. Durch die zwei leuchtenden Edelsteine bekommt das Sternentor wundervolle Unterstützung aus dem Herzen der Erde.

Der Citrin strahlt in Hell- bis Sonnengelb. Seine Aufgabe ist es, dein Vertrauen in dich selbst und deine Chancen im Leben zu stärken. Er nährt deinen Solarplexus (das Sonnengeflecht). Dort ist der Eingang zu deinem Raum der Lebenskraft, des Mutes und der Spontaneität. Der Citrin unterstützt deine Energie und füllt dich mit hellem Licht, das dein ganzes Sein durchflutet und dir den Weg erleuchtet. So kannst du voller Lebensfreude und Selbstvertrauen die richtigen Schritte zur richtigen Zeit gehen.

Du kannst ihn in Meditationen um Hilfe bei deinen Projekten bitten. Lege ihn dazu auf deinen Solarplexus (über dem Magen), und genieße seine goldene Wärme. Stelle dir vor, dass er dir ganz viel Kraft zur Durchführung deiner Pläne schenkt. Er gibt dir auch Ideen, wenn du in manchen Punkten noch keine Vorstellung hast. Lausche, und fühle die Inspiration. Am besten schreibst du dir direkt nach der Meditation auf, was du gesehen oder gespürt hast. So kannst du immer wieder nachlesen, was dir bei deinem Neubeginn hilft.

Der Citrin möchte dich am Tage begleiten, damit er dir direkt vor Ort kreative Impulse geben kann. Trage ihn am Körper, wenn es möglich ist, und betrachte ihn zwischendurch immer wieder. So fließt die Energie beständig für dich und deinen Neuanfang.

Der Peridot leuchtet in hellem Maigrün. Es ist eine große Freude, diese fröhliche Farbe zu betrachten. Sie zaubert ein Lächeln auf deine Lippen und gibt deinem Herzen den Mut, sich für die Wunder und Möglichkeiten des Lebens zu öffnen. Wie der frische Frühling weht der Peridot eine duftende Brise von jungem Gras, Blumen und Sonne in deinen Alltag. Er hebt deine Stimmung und lässt dich voller Zuversicht in die Zukunft blicken. Dort siehst du dein nächstes Ziel und kannst glücklich darauf zugehen. Grün ist die Farbe der Hoffnung und des herzlichen Lachens.

Lege den Peridot beim Meditieren auf dein Herzzentrum, und fühle sein kindliches, fröhliches Wesen. Lasse dich von seiner Heiterkeit und grasgrünen

Leichtigkeit anstecken. Das Leben schenkt dir, was du für einen glücklichen Neubeginn brauchst. Diese Gewissheit vermittelt dir der Peridot.

Er ist ein besonders hübscher Schmuckstein, den du als Anhänger über dem Herzen tragen kannst. Dort lässt er auf seine verspielte, sanfte Weise stetig seine Energie fließen, um dich im Alltag zu stärken.

Auch in deinem Trinkwasser kann er nach nur wenigen Minuten seine Energie freisetzen (bitte den Kristall nicht erhitzen!).

Besonders schön ist eine Schmucksteinkette aus Citrinen und Peridots gemeinsam. Sie leuchtet wie eine frische Blumenwiese und bringt dir viel Leichtigkeit und Freude für einen gelungenen, fröhlichen Neuanfang.

Karte:

Die Botschaft des Sternentores macht dir Mut. Sie schenkt dir Kraft und Vertrauen. Lies sie dir so oft wie möglich durch, damit du Freude am Neubeginn hast. Die Karte stärkt dein Energiefeld, wenn du sie bei dir trägst und nachts unter dein Kopfkissen legst. Während der Meditation kannst du sie auf dein Herz oder auf deinen Solarplexus legen. Sie nährt deine Zuversicht und hilft dir, die richtigen Entscheidungen für den Neubeginn zu treffen.

Du hast es verdient, glücklich zu sein. Das Sternentor unterstützt dich dabei.

Auraspray:

In Zeiten eines bewussten Neubeginns kannst du das Spray mehrmals am Tag in deine Aura sprühen. Es reinigt sie und bringt Kraft und Zuversicht in dein Energiefeld. Du wirst mit der Zeit zu einem Magneten für gute Ideen. Konzentriere dich mit Leichtigkeit auf die Freude, dann kommen die Wunder wie von allein in dein Leben.

Massageöl:

Das Öl wirkt am besten auf deinem Brustkorb und deinem oberen Bauch. Spüre, wie sich die Schwingung deiner Zellen anhebt. Dein innerer Raum füllt sich mit Kraft und Klarheit. Dein Ziel liegt deutlich vor dir, und du hast Freude daran, gerade und bewusst darauf zuzugehen. Du kannst das Öl auch im Alltag bei dir tragen. Am einfachsten ist es, wenn du ein paar Tropfen in deine Hände gibst, es verreibst und dann tief einatmest. Deine Hände werden zart gepflegt. Wenn du sie bewusst mit dem Öl massierst, kommst du noch besser ins HANDeln. Über eine liebevolle Fußmassage erreichst du alle Nerven- und Energiebahnen. Die Kraft des Sternentores fließt dann in jede Zelle. Du kannst ganz bewusst und voller Leichtigkeit und Freude in deine Zukunft gehen.

Das Sternentor von Erzengel Chamuel

Thema und Unterstützung bei:
– bedingungslose Liebe
– Hingabe und Zärtlichkeit
– Verbindung mit der Liebe der Schöpferquelle

Körper:
Herz

Naturessenzen:
Rose – Symbol für die Essenz der Liebe, der All-Liebe
Lavendel – Klarheit und Weite, reinigend und in die Mitte führend
Geranie – stärkt die archetypisch eher weiblichen Eigenschaften: Hingabe, Sinnlichkeit, Empfinden und kreative Intuition

Kristall:
Rosenquarz, Rosa Turmalin
Erzengel Chamuel ist am stärksten in diesen beiden Edelsteinen zu spüren. Die Liebesenergie dieser großen Engelkraft durchstrahlt jedes Herz mit reinem Licht, damit es sich weiten und ausdehnen kann. Liebe möchte zu jeder Zeit fließen – Erzengel Chamuel und die beiden Edelsteine helfen ihr dabei.

Der Rosenquarz ist der prominenteste Vertreter der Liebeskristalle (siehe auch »Sternentor der bedingungslosen Liebe« – hier nur leicht abgewandelt). Er ist ein geradezu klassisches Symbol für die Verbindung zum Herzen. Seine zartrosa Farbe inspiriert einfach dazu, sich ganz und gar für die Liebe zu öffnen.

Er berührt das Herz auf einzigartige Weise und zaubert ein Lächeln auf das Gesicht. Gleichzeitig trägt er eine verspielte Leichtigkeit in sich, die dir erlaubt, dein inneres Kind voller Glück tanzen zu lassen.

Genau diese Energie bringt auch Erzengel Chamuel in dein Leben. Seine Kraft ist ungebändigt, frei und wild wie die eines Kindes, das ganz nach seinen Wünschen wirken darf.

Wenn du einen Rosenquarz in der Hand hältst oder betrachtest, fühlst du förmlich, wie dein Herz und dein ganzes Wesen sich für die Liebe öffnen. Dieser Kristall verbindet dich direkt mit der Energie des Erzengels. Über die Verbindung der beiden kannst du dich mit dem Herzen der Welt, mit den Herzen aller Menschen und mit deiner großen, liebevollen Seele verbinden. Liebe ist überall – spüre sie JETZT! Atme sie ein, bis du so angefüllt bist, dass sie rosa-leuchtend überfließt und die Schwingung des Universums gemeinsam mit deinem Seelenzentrum pulsiert.

Der Rosa Turmalin wirkt wie eine Lichtsäule, die dich direkt mit dem Herzen deiner Schöpferquelle verbindet. Seine Macht beruht auf der Intensität, mit der er dich in eine liebevolle, klare Schwingung versetzt. Er ist ein kraftvoller Verstärker der Weisheit von Erzengel Chamuel. Du kannst ihn verwenden, um deine negativen Muster, die du in Sachen Liebe gelernt hast, so zu verändern, dass aus Dramen Freude wird.

Meditiere mit dem Rosa Turmalin, während er auf deinem Herzen liegt. Dort pulsiert er, bis du dich zutiefst entspannt hast. Fühle deinen inneren Raum. Darin sind alle Glaubenssätze verborgen, die du zum Thema Liebe und Hingabe gesammelt hast. Fühle, wie das intensive Licht des Turmalins diese Glaubenssätze durchleuchtet. Du kannst sie deutlich erkennen. Dann nimm nacheinander jeden Satz, von dem du dich verabschieden möchtest, liebevoll in die Arme, und danke ihm, dass er dich so lange treu begleitet hat. Es gab einen Grund, aus dem er einmal wichtig für dich war. Doch der Ursprung liegt in der Vergangenheit. Im Hier und Jetzt hat er ausgedient. Verabschiede dich, und stelle dir vor, wie das Licht des Turmalins ihn durchsichtig werden lässt, bis er sich ganz in Liebe auflöst. Spüre in deinem Herzen, welchen positiven Glaubenssatz du stattdessen gern installieren möchtest, damit du Freude und Glück erleben kannst. Der Turmalin hilft dir, den richtigen zu finden.

Am besten schreibst du nach deiner Meditation deine Erlebnisse auf, um dich daran zu erinnern und weiter daran zu wirken. Positive Glaubenssätze möchten im Alltag immer wiederholt und geübt werden, damit sich dein System – vor allem dein Verstand – an sie gewöhnen kann.

Im Alltag kann der Turmalin dir helfen, dich ganz auf deine eigene Liebe zu konzentrieren – vor allem, wenn du Turbulenzen durchlebst. Erzengel Chamuel ist bei dir und hilft dir, in deiner Mitte zu bleiben.

Karte:

Die Karte mit ihrer Botschaft kann dich auf wundervolle Weise im Alltag begleiten. Sie tankt dich mit Liebe auf und hüllt dich in die Präsenz von Erzengel Chamuel. Wo du auch bist, kannst du seine Worte lesen und dich daran erinnern, dass du ein liebenswertes Geschöpf bist.

Auraspray:

Umhülle dich mit dem Spray, wann immer du das Bedürfnis nach umsorgender, hingebungsvoller Liebe hast. Deine Aura darf sich klären und sich mit dem leuchtenden Rosa des großen Erzengels füllen. Spüre, wie dich die sanfte Liebe umfängt und dich durch einen schönen Tag voller glücklicher Momente trägt.

Massageöl:

Jeder Mensch wünscht sich Liebe. Der erste Liebesimpuls entsteht immer in deinem Inneren und leuchtet dann aus dir hinaus. So wirst du zu einem Magneten für liebevolle Momente. Du kannst mit dem Öl deinen ganzen Körper einhüllen, um jede deiner Zellen mit der Energie von Erzengel Chamuel zu umsorgen. Fühle dich wie ein Kind, das von mütterlicher Zuwendung eingekuschelt wird.

Das Sternentor der Dankbarkeit

Thema und Unterstützung bei:

– das Leben dankbar annehmen
– Dankbarkeit auf allen Ebenen
– tiefe Vergebung
– emotionale Öffnung
– Harmonie

Körper:

Brustkorb, Kopf

Naturessenzen:

Palmarosa – sanfte Zufriedenheit genießen; das Leben dankbar annehmen
Rosenholz – harmonisiert auf allen Ebenen
Patschuli – die starke Kraft und Liebe von Mutter Erde spüren

Kristall:

Azurit-Malachit, Türkis
Dankbarkeit entsteht, wenn du erkennst, dass alles in deinem Leben deinem Wohle dient. Die beiden Kristalle helfen dir, dies zu verstehen.

Der Azurit-Malachit ist eine prachtvolle, natürliche Verbindung zweier Edelsteine. Dunkelblau mischt sich mit leuchtendem Grün – tiefer Frieden trifft pure Herzkraft. Während einer Meditation verbindet dich dieser Kristall mit der Energie des Universums und dessen Weite. Dein innerer Raum wird groß. Alles, was dich bis hierher belastet hat – alte Erinnerungen, Groll, Wut und Zorn – werden fortgespült von einer Welle aus machtvollem Leuchten. Wie die reinigende Kraft eines erfrischenden Sommerregens kannst du dich von alten Belastungen befreien. Diese Meditation hilft dir, Platz für neue Gefühle den Menschen gegenüber zu schaffen, die dir im Laufe deines Lebens begegnet sind und dich verletzt haben. Sie konnten dies nur tun, weil es deinem Seelenplan entsprach. Du wolltest diese Erfahrungen machen. Heute, im Hier und Jetzt, kannst du mithilfe des Kristalls die Geschenke erkennen, die sie dir damit gemacht haben. Alles, was dir begegnet ist, trainiert deine Talente und Fähigkeiten, die du jetzt zu deinem Wohl und zum Wohle aller Beteiligten einsetzen kannst. Dankbarkeit kommt, wenn Verständnis für deine Vergangenheit und Vergebung auf allen Ebenen geschieht.

Der Kristall unterstützt dich in dieser Phase besonders gut, indem er dir die nötige innere Ruhe schenkt. Er erlaubt dir, aus tiefem Frieden heraus zu handeln. Er zeigt dir die Geschenke des Lebens.

Der Türkis wirkt sowohl auf dein Thymus-Chakra (zwischen Herz und Hals), die Verbindung zum Göttlichen, als auch auf dein Hals-Chakra und somit deine Kommunikation. Mit seiner Unterstützung fühlst du die Verbundenheit zu allem, was existiert, und vor allem zu deiner Seelenquelle. Dort ist alle Weisheit und Energie vorhanden, die du benötigst, um mit Klarheit und offenem Geist die alten Wunden zu heilen und die Wunder in ihnen zu erkennen. Dann kannst du in Liebe und mit Verständnis mit den Menschen kommunizieren, die dir als Lehrer und Meister gedient haben. Es ist eine große Herausforderung, aus eigenem Antrieb die Vergangenheit zu heilen. Es braucht Mut, noch einmal die Situation, in der man verletzt wurde, zu betrachten. Es braucht ein offenes Herz, um in allen Ereignissen und Menschen, die dir damals begegnet sind, deine eigene Schöpferkraft wirken zu sehen. Du hast entschieden – manchmal bewusst, meist unbewusst. Du wolltest wachsen, wolltest dich entfalten und deine »Werkzeuge« testen, die du mit auf die Erde gebracht hast. Dabei haben dir andere geholfen. Erlaube dir, nun dankbar für diese Vergangenheit zu sein. Nimm den Türkis als Helfer, um durch ihn die Kraft zur Vergebung zu haben.

Beide Edelsteine können dich in der Phase der Vergebung liebevoll unterstützen. Heilung auf allen Ebenen kann erst dann geschehen, wenn du mit deiner Vergangenheit Frieden geschlossen hast und du daraufhin die Leichtigkeit wiederfindest, die du brauchst, um deine Lebensfreude neu zu entdecken.

Karte:

Die Botschaft der Dankbarkeit wirkt auf allen Ebenen deines Seins. Dankbar für den neuen Tag zu sein, bringt dich sofort in eine gute Stimmung. Wenn du die Botschaft liest, fallen dir bestimmt viele Dinge und auch Personen ein, für die du aus einem besonderen Grund dankbar sein kannst. Es ist ein herrliches Gefühl, morgens aufzuwachen und der eigenen Schöpferquelle für dieses Leben, diesen Geist, diesen einzigartigen Körper und alles, was dir heute begegnen wird, zu danken.

Wenn du deine Dankbarkeit ausdehnen möchtest, um noch mehr Freude und vor allem Frieden in deinem Leben zu haben, kannst du die Karte mit in deinen Tag nehmen, immer wieder die Botschaft lesen und fühlen, wofür du alles dankbar bist. Selbst der unfreundlichste Mensch in deinem Umfeld hat seine Bestimmung in deinem Leben. Er kann dir zum Beispiel als Spiegel für gewisse Gefühle in dir dienen. Oder er zeigt dir, was du dir wünschst, aber noch nicht erreicht hast. Oder du darfst dein Mitgefühl, deine Selbstliebe oder schlicht deine Geduld an ihm trainieren.

Wenn du das erkannt hast, wirst du um ein Vielfaches freier und erleichtert sein. Verwende deine Karte auf die Weise, die dir richtig erscheint, und erfreue dich an dem großartigen Glücksgefühl, das Dankbarkeit dir schenkt.

Auraspray:

Das Spray hilft dir besonders gut, wenn du einem bestimmten Menschen vergeben möchtest. Es unterstützt dich, indem es deine Aura von den alten, traurigen und wütenden Energien befreit und reinigt. Schließe die Augen, sprühe es über deinen Kopf, atme den schönen Duft ein, und stelle dir vor, wie die alten, dunklen Gefühle immer heller werden, bis nur noch Dankbarkeit für den

Menschen übrig ist. Diese leuchtende Energie erfüllt nun deine Aura. Auf diese Weise kann Heiterkeit und Leichtigkeit zurück in dein Leben.

Natürlich kannst du das Spray auch nutzen, um das morgendliche Ritual der Dankbarkeit zu unterstützen. So manifestierst du immer neue Dankbarkeit in dir. Deine Energie kommt auf wundervolle Weise immer mehr in Fluss.

Massageöl:

Das Öl hilft dir wie das Spray dabei, die Dankbarkeit auch körperlich fühlbar zu machen. Du kannst es liebevoll auf deinem Brustkorb, deinem Hals und deinem Kopf verteilen. So öffnest du alle Energiezentren, die dir bei der Vergebung behilflich sein können. Dein Herz wird versorgt, denn es darf die Verletzungen der Vergangenheit endlich verarbeiten und heilen. Dein Thymus-Chakra, das dich mit dem göttlichen Ursprung verbindet, wird genährt. Du verstehst, dass auch dein ärgster Feind ein göttliches Wesen mit einer wunderschönen, lichtvollen Seele ist. Alle Menschen auf deinem Weg dienen dir als Trainingspartner und Spiegel. Lerne von ihnen, und sei ihnen dankbar dafür.

Dein Hals wird mit dem Öl befreit. Du kannst klar aussprechen, was dir auf dem Herzen liegt. Du kannst dir mit freundlichen Worten Gehör und Gerechtigkeit verschaffen, denn du weißt, was für dich wichtig ist.

Dein Kopf schließlich ist der Sitz deines Verstandes, der fleißig alle Geschehnisse protokolliert. Er sammelt alle Erfahrungen und wertet sie aus. Leider bewertet er sie auch und steckt sie in »Schubladen«. Die Bewertung einer Erfahrung engt sie ein. Im Nachhinein kannst du den wahren Wert deiner Erfahrung erkennen, indem du sie als Übung für deine Entfaltung betrachtest. Jede Erfahrung ist wertvoll, denn sie dient deiner Seele, die eigene Göttlichkeit zu spüren.

Wenn du deinen Kopf mit dem Öl massierst, kannst du gleichzeitig deinen Verstand bitten, alle jemals gemachten Erfahrungen aus den engen Schubladen zu befreien und dir zu helfen, die Schätze darin zu erkennen. Das ist eine schöne Übung vor einer Meditation.

Das Sternentor der Kinder

Thema und Unterstützung bei:
– die Kinder der Welt ehren, lieben und respektieren
– das innere Kind fühlen und heilen
– den Spieltrieb wiedererwecken
– Unbeschwertheit, Freude und Lachen
– Geborgenheit und Liebe
– Schutz und Heilung
– innerer Frieden
– Kontakt zum eigenen Schutzengel

Körper:
gesamter Körper, vor allem Bauch, Hände, Füße

Naturessenzen:
Mandarine – Spieltrieb, Unbeschwertheit, Freude, Lachen
Vanille – süße, warme Geborgenheit
Kamille – Schutz; Erzengel Michael und seine Helfer; Heilung
Jasmin – Schutzengel, Engel der Fülle

Kristall:
alle Kristalle, die dein inneres Kind zum Lachen bringen und erfreuen
Wenn man einem kleinen Kind ein Schachtel mit bunten Steinen zeigt (egal ob es echte Edelsteine oder Steine aus buntem Kunststoff sind), wird es mit Begeisterung darin wühlen, die Steine betrachten, sie sortieren oder einfach nur mit ihnen spielen. Genau mit diesem Gefühl kannst du in einen Edelsteinladen

gehen, wenn du dich mit dem »Sternentor der Kinder« beschäftigen möchtest. Fühle dein inneres Kind. Stelle dir vor, wie du als Kleinkind voller Neugierde und Freude die bunte, große Welt entdeckt hast. Schau dich in dem Geschäft mit diesen Augen um, und wähle mit kindlichem Spaß einen Kristall, der dir ganz besonders gut gefällt. Wenn du bereits Edelsteine zu Hause hast, wähle ebenfalls mit dieser kindlichen Begeisterung den aus, der dein Herz zum Hüpfen bringt.

Begrüße den Kristall, und lade ihn ein, dich auf deiner Reise zu deinem inneren Kind zu begleiten. Du kannst ihn einige Stunden auf das Bild des Sternentores legen, um ihn mit den kraftvollen, beglückenden Energien zu verbinden.

Am schönsten ist eine Reise zu deinem inneren Kind, wenn du deinen Kristall in der Meditation vorher bewusst dazu einlädst. Betrachte ihn, tauche mit deinen Augen und deinen Gefühlen tief in ihn hinein. Verbinde dich mit seiner Energie, und bitte ihn um Unterstützung. Du kannst auch deinen Schutzengel bitten, dich zu begleiten. Auf diese Weise bist du voller Kraft und kannst frei und voller Liebe fühlen und handeln.

Dein inneres Kind wohnt in deinem heiligen, inneren Raum. Dort kannst du es besuchen. Was auch immer dein jüngeres Abbild tut oder dir zu sagen hat, ist wichtig für dich.

Es geht darum, dein inneres Kind zu fragen, was es gerade am meisten braucht. Wenn du selbst es ihm (also im Grunde dir selbst) geben kannst, warte nicht, sondern handle voller Liebe und Freude. Ob du es einfach sanft in die Arme nimmst, um es leise singend zu wiegen, ob du mit ihm die Spiele deiner Kindheit spielst oder mit ihm eine Reise zum Regenbogen unternimmst – alles ist richtig, wenn es dir guttut.

Wenn du nicht genau weißt, wie du den Wunsch deines inneren Kindes erfüllen sollst, bitte deinen Schutzengel, es für dich zu tun. Die Hilfe deines Engels ist dir immer gewiss.

Besuche dein Kind immer wieder, um nach dem Rechten zu sehen. Es ist deine Kinderseele, die direkt mit den Erfahrungen deiner Vergangenheit verbunden ist. Wenn dein inneres Kind glücklich ist, heilen die alten Wunden, und du kannst im Hier und Jetzt viel entspannter und freier sein.

Dein Kristall hilft dir, deine kindlichen Gefühle wertzuschätzen und die Welt wieder aus Kinderaugen zu betrachten. Er weckt deine Neugierde und unterstützt dich vor allem in Begegnungen mit Kindern. Du kannst erkennen, wie wichtig ein liebevoller, respektvoller Umgang mit ihnen ist. Sie wissen so viel, doch sie lernen erst noch, dieses Wissen umzusetzen. Du kannst deinen Beitrag dazu leisten, dass sie ihre Leichtigkeit und Freude ausleben können. Und damit hilfst du wiederum dir selbst, dies zu tun.

Karte:

Die Botschaft des Sternentores der Kinder ist – neben der von Erzengel Raphael und Malachit – die umfangreichste. Sie beleuchtet nicht nur den Umgang mit dem eigenen inneren Kind, sondern mit allen Kindern dieser Welt. Alle Menschen waren einmal Kinder. Alle wollten von Anfang an einfach nur geliebt und umsorgt werden. Es gilt, diesen Wunsch zu respektieren und zu erfüllen, so gut es möglich ist. Ob es die Kinder in deiner Umgebung sind, deine eigenen Kinder oder dein inneres Kind – jeder Mensch hat Kindern gegenüber die Verantwortung, ihr leibliches und geistiges Wohl zu schützen, damit sie zu starken, selbstbewussten und glücklichen Menschen heranwachsen können. Sorge selbst so gut für dich, wie es dir möglich ist. Sorge für dein Wohlergehen, dein Glück und die Leichtigkeit in deinem Leben. Die Karte erinnert dich im Alltag immer wieder daran. Sie zeigt den Engel mit den Regenbogenflügeln, der die Kinder – auch dich – beschützt. Im Regenbogen sind alle Farben enthalten. Er symbolisiert die vielen Möglichkeiten, die du hast, glücklich zu sein. Nutze die Gelegenheiten, die sich dir bieten, um das Leben wie ein Kind zu betrachten – voller Staunen und Spaß. Spiele, tobe und lache, damit du dich selbst wirklich fühlen kannst und alle Zellen wieder von Lebensfreude durchflutet werden.

Auraspray:

Das Spray führt dich mit deinem inneren Kind zusammen, damit du dich in all deinen Entwicklungsphasen annehmen und lieben kannst. Alles, was du je erlebt hast, ist wichtig. Das Spray umhüllt dich mit Liebe und Leichtigkeit, damit du frei und glücklich durch jeden einzelnen Tag tanzen kannst. Sprühe es dorthin, wo du dich froh und erleichtert fühlen möchtest.

Massageöl:

Das Öl kann überall dorthin massiert werden, wo du dich selbst noch besser fühlen möchtest. Es ist ein Akt der Selbstliebe und der Liebe zu deinem inneren Kind, dich voller Hingabe selbst zu massieren. Ob es dein Herz, dein Bauch, deine Hände oder Füße sind – das bist DU. Und du darfst dich gut fühlen. Du bist eine leuchtende Seele in einem heiligen Körper. Es ist deine Aufgabe, dich selbst glücklich zu machen – jeden Tag.

Das Sternentor »Ausdruck des Herzens«

Thema und Unterstützung bei:
– Selbstausdruck und Selbstvertrauen
– Mut, sich zur Gänze zu zeigen
– sich selbst wirklich fühlen
– Harmonie mit dem eigenen Weg
– bewusste Selbstbestimmung

Körper:
Steißbein, Bauch, Herz, Hände

Naturessenzen:
Champaca – Fantasie und Sinnlichkeit; Vertrauen ins Leben und in die eigenen Wege
Ylang Ylang – ins Fühlen und Träumen kommen; pure Lust am Leben
Rosmarin – fördert die Kraft zur bewussten Selbstbestimmung, stärkt das Selbstvertrauen, lässt dich durchatmen

Kristall:
Roter Jaspis, Goldberyll, Imperialtopas
Diese drei Edelsteine haben ganz unterschiedliche Funktionen, die sich jedoch wundervoll ergänzen. Selbst kleine Kristalle der beiden letzten, die sehr wertvolle Edelsteine sind, können viel bewirken. Spüre hinein, welcher der drei Kristalle für dich gerade am besten und wichtigsten ist. Wenn du möchtest, kannst du auch nacheinander mit allen arbeiten. Dadurch lernst du, dich besser auszudrücken.

Der Rote Jaspis hat sehr viel Energie aus dem Herzen der Erde. Seine Kraft ist ursprünglich, tief und weise. Er hilft dir, mit beiden Beinen fest auf dem Boden zu stehen, im Puls der Erde zu schwingen und voller Vertrauen Schritt für Schritt in deiner Entwicklung weiterzugehen. Mit seiner Unterstützung kannst du dein inneres Vertrauen stärken, dich selbst fühlen und dadurch deiner Umwelt zeigen, wer du wirklich bist. Vertrauen und Liebe sind das Wichtigste, um wirklich gern auf der Erde sein zu können und ein glückliches Leben zu führen. Der Rote Jaspis nährt dich mit der Weisheit und weichen Geborgenheit der Welt, auf der du wandelst. Dies ist dein Planet, den du ausgewählt hast für dieses Leben. Fühle das, und zeige allen, wer du bist!

Der Goldberyll bringt dich in Kontakt mit deinem inneren Licht und deinem vollen Bewusstsein für die Schönheit deines Lebens. Es geht immer nur darum, dass du für dich selbst herausfindest, was du wirklich brauchst, unabhängig davon, was andere Menschen für dich gut und richtig finden oder was gerade auf der Welt für wichtig erachtet wird. Du allein bestimmst, was dich glücklich macht. So beginnst du, immer mehr zu leuchten und zu strahlen. Dein Licht durchflutet dein eigenes Leben und macht diese Erde zu einem helleren, freundlicheren Ort. Der Goldberyll schenkt dir die Energie des Lächelns. Er zeigt dir das Licht, selbst wenn es dunkel ist um dich. Mit der Zeit kannst du dir selbst in jedem Moment das Leuchten der Freude schenken.

Der Imperialtopas ist ein herrschaftlicher Edelstein. Als hellgelbe Variante der Topasfamilie ist auch er ein Kristall, der das innere Licht zum Leuchten bringt. Dies bewirkt er, indem er dich zutiefst mit deinem Selbstwert und der Fülle in Verbindung bringt. Du erkennst, dass du Fülle auf allen Ebenen verdient hast (siehe »Sternentor der Fülle«). Wenn du dir selbst erlaubst, den Reichtum des Lebens anzunehmen, wird sich das auf alle Bereiche deines Seins auswirken. Du wirst zu einem kraftvollen, selbstbewussten Magneten für alles, was dir guttut. Der Imperialtopas lässt dich erkennen, was genau deine tiefe Sehnsucht ist – weitab von dem, was du durch deine Muster und Dramen dafür hältst. Dieser leuchtende Edelstein erinnert dich daran, das Zepter deines Lebens fest in der Hand zu halten und allen zu zeigen, dass du voller Frieden und Offenheit über dein Leben herrschst. Du entscheidest – zeige es!

Du kannst mit dem von dir gewählten Stein viele Übungen machen, die ich oben in der Einführung vorgestellt habe. Wichtig ist, dass du dich selbst spürst und mit dem Kristall zusammen neue Wege gehst, um dich selbst zu erkennen und der Welt zu zeigen, dass du ein wertvoller, wichtiger Mensch bist.

Karte:

Die Botschaft ist deutlich – sowohl die des gemalten Bildes als auch die der Worte, die es mit sich bringt. Körper, Geist und Seele können sich in dir zu einer starken Gemeinschaft verbinden, mit der du voller Freude auf der Erde lebst. Trage die Karte bei dir, um dich an deinen Selbstausdruck und dein inneres Gefühl zu erinnern. Lade deine Speisen und Getränke damit auf, trage sie am Herzen und spiele mit ihr. Sie ist ein wundervoller Begleiter auf deinem Weg des Selbstausdruckes. Besonders in der Nacht stärkt sie dein Energiefeld, damit du am Morgen frisch und gut gelaunt in den Tag starten kannst.

Auraspray:

Du willst der Welt zeigen, wer du wirklich bist? Dann nutze das Spray, um deine Aura zu stärken und zu nähren. Entfache dein inneres Feuer, bring dich selbst zum Leuchten, und werde zu einem aufrichtigeren, ehrlicheren und offeneren Menschen. Auf diese Weise wirst du genau so behandelt, wie du es für richtig und gut hältst.

Das Spray kann dich auf deinem Trainingsweg zum Ausdruck des Herzens begleiten, um dich immer wieder mit dieser schönen Energie zu erfüllen.

Massageöl:

Das Öl unterstützt die Zellen deines Körpers, sich mit tiefer Kraft zu füllen und dein Selbstgefühl zu stärken. Wenn du deinen Körper massierst und einölst, fühlst du dich intensiver. Sei achtsam, liebevoll und mit deiner ganzen Konzentration bei der Sache. Spüre jeden Quadratzentimeter deiner Haut, jeden Muskel, jede Sehne, deine Gelenke und deinen Pulsschlag. Fühle, wie das Öl mit seiner helfenden Schwingung alles mit Energie durchflutet. Die tiefrot-goldene Kraft fließt durch dein Herz in deinen ganzen Körper.

Vor allem deine Hände und Füße kannst du während deines Alltags immer wieder massieren und dich so auf allen Ebenen ins Fühlen und Handeln bringen – Schritt für Schritt vorwärts auf dem Weg zum deinem puren »Ich bin«.

Das Sternentor des Erfolges

Thema und Unterstützung bei:
- Erfolg auf allen Ebenen
- Vertrauen zum Selbst und in das eigene Potenzial
- Mut, aus alten Gewohnheiten auszubrechen
- Vorhaben kraftvoll umsetzen
- Kreativität
- Balance finden und Kräfte sinnvoll einsetzen

Körper:
Herz, Kopf, Hände, Füße

Naturessenzen:
Eichenmoos – schenkt Geborgenheit; gibt Mut, aus alten Gewohnheiten auszubrechen; lässt dich deine Stärke spüren
Patschuli – Balance finden, Kräfte sinnvoll einsetzen
Palmarosa – Gelassenheit; inspiriert die Kreativität

Kristall:
Diamant, Imperialtopas, Larimar
Auch wenn wir das oft von Kindesbeinen an gelernt haben, so muss Erfolg nicht in erster Linie ein Kampf sein, sondern kann mit Leichtigkeit und Freude kommen. Die Essenz des Sternentores sagt: »Erfolg erfolgt, wenn du deinem Herzen folgst.« Die alten Glaubenssätze dürfen gehen.
Dein Herz kennt den Weg. Es ist über die Pulsschwingung immer mit dem ganzen Energiefeld verbunden. Seine Weisheit ist direkt mit der Liebe deiner

Seele verbunden, die deinen Lebensplan in jeder Einzelheit kennt. Wenn du also Erfolg haben möchtest, kannst du zuallererst deine Gedanken verändern. Freue dich auf den Erfolg!

Die drei genannten Edelsteine dienen dir dazu, dich daran zu erinnern, dass du es verdient hast, mit Leichtigkeit und voller Freiheit deinen individuellen Erfolg zu erleben.

Der Diamant zeigt dir als der edelste aller irdischen Kristalle, dass du dich von all den alten Illusionen und Glaubenssätzen der Vergangenheit befreien kannst. Wenn deine innere Überzeugung bisher deinen Erfolg behindert hat, kannst du dich zusätzlich eingehend mit dem »Sternentor des Diamanten« befassen. Als »Trainer« für deinen Erfolg möchte der Diamant Tag für Tag mit dir üben. Wenn du bisher immer das Gefühl hattest, keine Chance auf Erfolg zu haben, kannst du mit ihm gemeinsam in stiller Meditation alle Muster in dir überprüfen. Frage ihn, was dich blockiert. Höre ihm zu, und finde die Antworten, denn alles ist in dir. Der Diamant hilft dir lediglich, genau hinzuschauen. Seine Antworten sind sehr klar und deutlich.

Der Imperialtopas mit seinem wunderschönen hellgelben Leuchten gibt dir ganz viel Sonnenkraft. Die Sonne, der Fixstern und Lebensspender unseres Sonnensystems, bringt dir die Energie, wichtige Chancen zu erkennen und aus tiefem Selbstvertrauen heraus zu handeln. Du bist in der Lage, für dich die richtigen Entscheidungen zu treffen. Nutze den Imperialtopas, um dich innerlich aufzurütteln. Du hast es verdient, glücklich zu sein. Öffne dich für die Möglichkeiten und Wunder, die dich auf deinem Weg zum ehrlichen Erfolg unterstützen möchten! Dein Kristall gibt dir die Impulse, wenn du ihn bei dir trägst und ihn – am besten jeden Morgen – um seine Unterstützung bittest. Fühle die wunderschöne Sonnenenergie und das Licht in dir, das sie entfacht!

Der Larimar ist der Edelstein der Leichtigkeit. In seiner himmelblauen und von weißen Wolken durchzogenen Schönheit erinnert er an die Karibik, in der er gefunden wird. Und so himmlisch wie ein herrlicher Sonnentag auf einer karibischen Insel kann der Weg deines Erfolges sein.

Der Larimar hilft dir beim Träumen. Wie ist deine Vision vom Erfolg? Was verbindest du damit? Was wäre, wenn es keine Limits, keine Grenzen, kein »Das geht nicht« gäbe?

Der Larimar unterstützt dich dabei, vollkommen klar und mit einem großen Lächeln Bilder und Gefühle zu deinem Erfolg zu erschaffen. Er symbolisiert das Gesetz der Anziehung auf einzigartige Weise: Wenn du dich mit all deinen Gefühlen und Sinnen auf deine inneren Bilder, Wünsche und Träume einlässt und mitten in einem Leben ganz nach deinen Vorstellungen bist, wirst du zum Magneten für genau diese Möglichkeiten. Lass dich vom Larimar dabei unterstützen, deine Träume in die Realität zu locken! Mit Leichtigkeit, Freude und einem frischen Lachen – jeden Tag.

Auraspray:

Das Spray dient dir dazu, die alten Energien in Bezug auf Erfolg aus deiner Aura zu spülen. Es erfrischt dich, schenkt dir die gewünschte Leichtigkeit und neue Zuversicht. Alles ist möglich, wenn du es dir erlaubst.

Massageöl:

Du möchtest deinen Körper und deinen Geist davon überzeugen, dass du es verdient hast, rundum glücklich und erfolgreich zu sein? Dann massiere dir die Energie des Erfolges in dein gesamtes System. Beginne bei deinem Herzen, und fülle es mit Zuversicht und Freude. Dann massiere deinen Bauch, damit deine Intuition erwacht und du die Chancen wahrnehmen kannst, die dir geboten werden. Anschließend kannst du deine Arme und Beine aktivieren, damit du sowohl handeln als auch die wichtigen Schritte auf deinen Erfolg zu gehen kannst. Zum Abschluss kannst du die Hände und Füße massieren und somit noch einmal über deine Meridiane im ganzen Körper die Energie entfachen. Nun bist du komplett mit dem Leuchten des Erfolges erfüllt. Werde zum Leuchtturm! Zeige dem Leben mit deinem tiefen Einverständnis, dass du bereit bist!

Im Alltag kannst du das Öl mitnehmen, um dir immer wieder ein paar Tropfen in die Hände zu geben, es zu verreiben und tief den Duft einzuatmen. Dann massiere deine Hände liebevoll, um über die Meridiane deinem ganzen System auf schnelle, einfache Weise die Energie des Erfolges zu schenken. Fühle die Leichtigkeit – und schenke der Welt dein Lächeln!

Das Kristall-Sternentor von Metatron und Smaragd

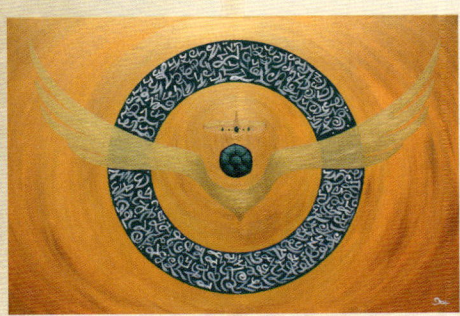

Thema und Unterstützung bei:
- die eigene Meisterschaft leben
- die Krone der eigenen Macht annehmen
- Bewusstsein und Weisheit
- bringt das innere Licht zum Leuchten

Körper:
Herz, Solarplexus

Naturessenzen:
Mimose – bringt Sonne ins Herz; tröstet, stärkt die Seele
Rosmarin – Kraft und Mut, Selbstvertrauen; Schutz
Bergamotte – baut Stress ab; verhilft zu neuen Einsichten; gibt Selbstvertrauen

Kristall:
Smaragd
Der Smaragd ist die leuchtende Begleitung von Erzengel Metatron. Er zeigt sich in prachtvollem Grün, das dein Herz durchstrahlt. Dieser Kristall erinnert dich daran, dass du alle Bereiche in dir, die bisher dunkel waren, Stück für Stück erhellen kannst. Gemeinsam mit der großen Macht von Erzengel Metatron kannst du endlich zu der wahren, klaren Gestalt werden, die du wirklich bist.
Ein Meister/eine Meisterin zu sein, bedeutet, das Leben als Geschenk zu betrachten und mit den eigenen Mitteln und Werkzeugen den Weg der Weisheit zu gehen. Es bedeutet, die Lehrer zu ehren und zu achten, die dich ein Stück dieses Weges begleiten – ob in menschlicher Gestalt oder in Form von göttlicher Präsenz. Du bist nicht allein. Du wirst immer unterstützt auf dem Weg

durch dein Leben. Wenn du dein Herz öffnest, kannst du die Hilfe, die dir geschenkt wird, wahrnehmen.

Der Smaragd hilft dir, die Kraft zu gewinnen, voller Bewusstsein deine Meisterschaft zu vervollständigen. Es gibt noch viel zu lernen und viel zu gewinnen auf deinem Weg. Es gibt Prüfungen und Herausforderungen. Wenn du dich ihnen stellst, statt vor ihnen wegzulaufen, wirst du deine Belohnungen erhalten. Du wirst Erkenntnisse sammeln und jeden Tag als Geschenk betrachten können.

Der Smaragd öffnet dein Herz. Trage ihn als Schmuckanhänger oder als kleinen Kristall, den du mit Körperklebeband auf dein Herz klebst. Fühle, wie du dich immer mehr der Weisheit der gesamten Menschheit öffnen kannst, die im Schwingungsfeld der Erde vorhanden ist. Alles Wissen ist immer da, denn kein Gedanke geht je verloren. Über dein Herz kannst du dich an diese Schwingung anschließen. Der Smaragd hilft dir dabei.

Weisheit ist gelebtes, angewendetes Wissen. Bringe dein Wissen ins Leben. Setze um, was du gelernt hast. Das ist der Weg der Meisterschaft.

Karte:

Erzengel Metatron und sein Begleiter, der Smaragd, möchten dich mit ihrem Sternentor durch deinen Alltag begleiten. Meisterschaft erreichst du, wenn du dich bewusst deinen Prüfungen und Aufgaben stellst und dich voller Vertrauen hingibst an deine innere Weisheit. Lasse dich von der Karte begleiten. Nimm dir in Alltagspausen ein paar Minuten Zeit, um die Kraft des Sternentores tief in dein Herz und deinen Solarplexus aufzunehmen. Atme sie. Fühle die Präsenz des großen, goldenen Erzengels. Stelle den Kontakt voller Liebe und Respekt her. So kannst du noch mehr über dich und das Leben erfahren, denn Metatron ist eine große Quelle von Macht und Weisheit.

Fühle die Kraft des Smaragdes, die energetisch im Sternentor verankert ist. Dein Herz öffnet sich und wird stark genug, die Schwingungen der Welt zu nutzen. Deine Körperenergie steigt, dein Geist weitet sich, und dein Verstand kann sich besser konzentrieren.

Die Karte dient dir auf allen Wegen, die ich zu Beginn dieses Kapitels vorgestellt habe, doch am allerbesten, wenn du sie auf deinem Herzen trägst.

Auraspray:

Das Spray verstärkt deine Energie. Es klärt deinen Geist, öffnet dein Bewusstsein und lässt dich leuchten. Die Verbindung zu deiner Seelenquelle erweitert sich. Dein Verstand kommt zur Ruhe und filtert die unruhigen Impulse heraus, damit du dich entspannt auf deine Aufgaben konzentrieren kannst. Atme den Duft tief ein, und fühle, wie du deinen Weg der Meisterschaft bewusst, Schritt für Schritt, gehst.

Massageöl:

Das Öl badet dich in der Energie von Erzengel Metatron und dem Smaragd. Es füllt alle Zellen mit frischer Schöpferkraft und Weisheit. Das Leuchten breitet sich in dir aus. Vor allem auf deinem Brustkorb und deinem Solarplexus nährt dich das Öl. Du kannst es in Alltagspausen auftragen und den Duft, die Berührung und die Kraft genießen.

Wenn du vor einer wichtigen Aufgabe stehst, kannst du ein paar Tropfen in deinen Händen verreiben und den Duft tief einatmen. So kannst du dich gut konzentrieren und bist ganz in deiner Mitte.

Wenn du dir selbst und dem Universum ein klares Zeichen geben möchtest, dass du nun deine Meisterschaft annimmst und diesen Weg voller Liebe, Hingabe und Bewusstsein gehen möchtest, kannst du das Massieren mit dem Öl auch als schöpferisches Ritual betrachten. Das Salben mit wertvollen Ölen war schon im Altertum der Einstieg in viele Initiationsriten, in denen Menschen in besondere Geheimnisse und wertvolles Wissen eingeweiht wurden. Du kannst deinen Körper von oben bis unten konzentriert mit dem Öl massieren und danach eine tiefe Meditation zu deiner Meisterschaft und deinen Aufgaben machen. Zwei kraftvolle Anleitungen dazu findest du im Buch Sternentore. Lasse dich von Erzengel Metatron und dem Smaragd begleiten. Sie kennen den Weg.

Das Sternentor der Einhörner

Thema und Unterstützung bei:
- Reinheit des Bewusstseins
- Schutz
- Gerechtigkeit und Weisheit
- Erkenntnisse über das Wesen des Seins
- Verbindung zu Mutter Erde und ihrer Kraft und zu
  deiner Seelenquelle
- Erleuchtung

Körper:
Drittes Auge (Stirn)

Naturessenzen:
Lotos – Reinheit des Bewusstseins; tiefe, innere Ruhe
Neroli – lässt das Kronen-Chakra erstrahlen, bringt auf die Sonnenseite des Lebens
Lavendel – reinigt, führt in die Mitte, vereint obere und untere Chakren, führt
ins Ganz-Sein

Kristall:
Diamant, Bergkristall, Opal
Alle genannten Kristalle sind Träger einer großen Klarheit und von funkelndem
Licht. Sie erhellen das Dunkel und machen die Dinge transparent, die vorher
undurchsichtig schienen. Fühle für dich, welche der drei Kristallarten dir im
Moment guttut. Lege den Kristall deiner Wahl einige Stunden auf das Bild des
Sternentores, damit er sich mit der Energie der Einhörner verbinden kann.

Der Diamant ist der am höchsten schwingende Edelstein der Erde. Seine Macht ist beeindruckend. Du kannst ihn als Rohstein erwerben, dann ist er relativ erschwinglich. Solltest du ein Schmuckstück mit einem kleinen Diamanten besitzen, kannst du diesen ebenfalls um Unterstützung und Verstärkung der Einhornkraft bitten. Wenn du dir ein Schmuckstück ausleihst, reinige es bitte gründlich, denn die Energie des Trägers/der Trägerin ist intensiv damit verbunden. Der Diamant wirkt wie eine hochaktive Lupe, die die Weisheit und Macht der Einhörner bündelt und kraftvoll in dein Leben bringt. Seine große Klarheit hat eine gewisse Strenge, die dich sehr eindringlich auf deinem Weg voranbringen möchte. Dies ist eine Seite der Einhörner.

Eine weitere Seite ist sanfter und liebevoller. Einhörner können dir, je nach Aufgabe, die du ihnen stellst, mit zärtlicher, weicher Energie zur Seite stehen. Erleuchtung bedeutet, dass alle Fassaden, Masken und Rollen verschwinden, die du je genutzt hast, um zu überleben. Du spürst dein Sein und dein Leben ohne Filter, ohne jegliche Illusion. Dies kann ein schmerzhafter Prozess sein, ähnlich wie der Moment, in dem du nach einer langen Zeit in Dunkelheit in einen hellen Raum kommst. Du bist geblendet und brauchst eine Weile, bis das Licht angenehm ist und du dich in Ruhe umschauen kannst. Die Einhörner können dir auf deinen Wunsch hin den Übergang in die Erleuchtung auch sanft gestalten. Dabei hilft dir der Bergkristall.
Er kann ähnlich rein und leuchtend sein wie der Diamant. Er ist preiswerter, weil sein Vorkommen viel zahlreicher ist als das des Diamanten. Doch sein Licht ist fast ebenso groß.

Der Opal repräsentiert die dritte Seite der Einhörner. Es ist die verspielte, lustige und neckende Seite, die dich auffordert, dein Leben mit Leichtigkeit zu erleben. Den Opal gibt es in einer unendlichen Vielfalt. Er kann sich cremig-schimmernd in zarten Pastelltönen zeigen oder als bunt funkelnder Regenbogenkristall erscheinen. Wähle den Stein, der dir in deiner Situation am passendsten erscheint. Dein inneres Kind kann sich besonders gut mit den Einhörnern verbinden. Lade es ein, dich bei der Wahl zu unterstützen.

Als energetische Wesen dienen die Einhörner den Menschen, um deren Weisheit und Erkenntnisgewinn zu fördern. Sie sind Beschützer, Förderer und treue Begleiter aller Seelen. Ihre Macht ist verbunden mit der Kraft der Erde und gleichzeitig mit der Schwingung des Universums. Ihr Horn symbolisiert diese große Verbundenheit und Weisheit. Ihr Wesen ist die Reinheit und Erleuchtung, denn sie bringen Licht ins Dunkel deines Lebens.
Wenn du dir also wünschst, deinen eigenen, wahren Kern zu erkennen und dein reines, göttliches Wesen zu spüren, kannst du zusammen mit deinem Kristall die Einhörner in einer stillen Meditation um Rat bitten.
Nimm dir Zeit. Lege deinen Kristall auf deine Stirn. Atme tief, verbinde dich mit dem Herzen der Erde und mit der Schwingung des Universums. Lasse deine Gedanken ziehen, und gib dich ganz deiner Seele hin. Dann bitte ein Einhorn, sich zu zeigen. Ob du seine Präsenz als Pferd mit Horn oder einfach als helles Licht wahrnimmst, liegt bei dir.
Lasse dir von deinem Einhorn dein wahres Wesen zeigen. Fühle dich in deinem Körper, mit deinem Geist und deiner Seele. Fühle die Einheit. Fühle dein Licht. Höre auf die Impulse und Ideen, die dir dein Einhorn schenkt. Erkenne, warum du auf der Erde bist.
Bedanke dich bei der Präsenz des Einhorns für die Inspiration.

Du kannst den Kristall im Alltag bei dir tragen, solange das Thema wichtig für dich ist. Als Schmuckstück oder Schmeichelstein verbindet er dich immer mit der Energie der Einhörner und unterstützt deinen Weg zur Meisterschaft. Er schenkt dir die Reinheit des Herzens und löst die Maske der Illusion auf.

Karte:

Die Karte kann dich ebenso wie der Edelstein im Alltag begleiten und dir immer wieder die wichtige Botschaft der Einhörner vermitteln. Du kannst sie am Körper tragen oder unter deine Speisen und Getränke legen. In kleinen Pausen kannst du dir vorstellen, wie dein Einhorn bei dir ist und dich mit seinem treuen Schutz und seiner großen Weisheit begleitet. Du kannst ihm Fragen stellen und voller Liebe um Antworten bitten. Fühle die Schönheit der Präsenz, die dein Schwingungsfeld erhöht und dir die Augen für das Wesentliche im Leben öffnet.

Auraspray:

Das Spray der Einhörner ist eine energetische Unterstützung, um die Kraft auch in deiner Aura zu installieren. Die Reinheit und der Schutz umhüllen dich. Klarheit und Weisheit schwingen in deinem Energiefeld, wenn du die Einhörner darum bittest. Atme den Duft und die Macht tief ein. Spüre, wie sich deine Aura ausdehnt und dich mit allem verbindet, was existiert.

Massageöl:

Wenn du die Kraft der Einhörner auch in deine Körperzellen fließen lassen möchtest, massiere das Öl so oft wie möglich auf alle Stellen, die dir wichtig erscheinen. Sei kreativ, und fühle dich in einem gesamten Sein. Fülle dich auf mit der Reinheit und dem Licht der Einhörner. Ihre Weisheit schwingt auch in dir. Im Alltag kannst du immer wieder einen Tropfen Öl auf deiner Stirn verreiben. Stelle dir vor, dass du über dein Drittes Auge mit der Weisheit der Einhörner und des Universums verbunden bist. Sie fließt in dich hinein, klärt deine Gedanken, beruhigt deinen Verstand und schenkt dir inneren Frieden.

Buchtipps

Chakren:

Menzel, Stefanie: Chakra-Arbeit kompakt. Darmstadt: Schirner Verlag 2010
Dieses kleine Büchlein enthält alle wichtigen Informationen rund um die aktuell wirksamen Chakren, die im Menschen existieren. Die Übungen sind klar und einfach, sodass es leichtfällt, die Energien zum Fließen zu bringen.

Edelsteine und Naturessenzen:

Gentner, Angela; Hohenberger, Günter: Gesundheits-Heilstein-Lexikon. Darmstadt: Schirner Verlag 2008
Dieses Lexikon ist außergewöhnlich informativ und wunderschön gestaltet. Es enthält eine komplexe Themenvielfalt rund um Edelsteine, Duftöle, Räucherwerk, Bachblüten und Chakren. Ein tolles Nachschlagewerk für den Umgang mit den Schätzen der Natur.

Als kleinen, praktischen Taschenratgeber gibt es von den beiden Autoren die schlanke Variante:
Gentner, Angela; Hohenberger, Günter: Das kleine Gesundheits-Heilstein-Lexikon. Darmstadt: Schirner Verlag 2009

Gienger; Michael: Die Steinheilkunde: Ein Handbuch. Saarbrücken: Neue Erde 1995
Michael Gienger ist ein Experte für Edelsteine, dessen Bücher mir sehr gut gefallen. Das Handbuch ist ausführlich geschrieben und enthält viele grundsätzliche Informationen zum Thema. Es dient vor allem zur Auswahl von Steinen.

Danksagung

Es gibt viele Menschen, denen ich es verdanke, dass dieses Buch zustande gekommen und so schön geworden ist. Sie werde ich weiter unten erwähnen, doch zuerst möchte ich mich bei dir bedanken. Du bist neugierig geworden, hast dieses Buch geschenkt bekommen oder es ist dir einfach »in den Schoß gefallen«. Wie auch immer es geschah – es ist deinem offenen Herzen und deiner Bereitschaft zur Selbsterkundung zu verdanken, dass die Impulse der Sternentore durch mich zu dir gekommen sind. Ich danke dir.

Mein Mann, Siranus, hat mir geholfen, meine innere Kraft zu entfalten, um die rechten Worte zu finden. Er ist mein zutiefst geliebter »24-Stunden-Power-Coach«. Danke.

Beatrix Kramer begleitet mich seit 2008 mit ihrer leuchtenden, kreativen Energie, indem sie die Essenzen für meine Sternentore entwickelt. Sie bietet sogar seit einiger Zeit eine Behandlung in dem Programm ihrer Heilerpraxis an, die auf den Sternentoren basiert. Der Austausch mit ihr und ihre lebendige Freude an den großartigen Ergebnissen sind herrlich.

Meine Verleger, Heidi und Markus, glauben an mich und meine Energie. Sie haben das Vertrauen, dass meine Sternentore ihren Weg in die Welt finden. Das stärkt und nährt mich.

Claudia, meine Lektorin, findet, was ich übersehe, und verbessert, was beim Channeln ein wenig holperig durchkommt. Außerdem macht die Zusammenarbeit Spaß. Das freut mich sehr.

Meine Freunde und meine Familie finden es manchmal noch seltsam, dass ich mit meiner Spiritualität meinen Lebensunterhalt verdienen kann, doch meistens finden sie es großartig und freuen sich einfach mit mir. Und diejenigen, die ich durch meinen Weg kennenlernen durfte, spornen mich voller Liebe immer wieder an, damit ich an mich glaube und weitermache. Danke.

Vita

Ich wurde 1969 in eine enge Welt hineingeboren, in der man nur an das glaubte, was man anfassen und erklären konnte. Schon als Kind war ich sehr empfänglich für die Energien meiner Umgebung und meiner Mitmenschen, doch es gab viele, die meine Neugierde, meinen enormen Beschützer- und Helferinstinkt und meinen Wissensdurst als unangenehm empfanden. Schnell wurde mir klar, dass ich manche Dinge für mich behalten musste, um anderen keine Angst zu machen. Meine überquellenden, intensiven Gefühle und meine unbändige Energie habe ich immer über die Malerei und meine geliebten, selbst verfassten Geschichten und Gedichte ausgedrückt. Meine enge Verbindung zur Erde und ihrer fantastischen Natur gab mir Kraft.

»Malerei ist meine große Liebe – Schreiben ist Ausdruck meiner Seele ...«

... und das seit frühester Jugend. Ich könnte sagen, dass ich male, seit ich einen Stift halten kann. Allerdings lernte ich früh, dass Kunst in jeder Form »brotlos« sei und ich doch bitte etwas »Vernünftiges« lernen solle. Dieser Glaubenssatz verfolgte mich bis zu meinem 33. Lebensjahr.
Ich hätte gern Kunst studiert, um mein Leben der schöpferischen Malerei zu widmen, doch meine aufsässige und unkontrollierbare Art ging nicht konform mit meinen Eltern und dem Gymnasium, an dem ich unterrichtet wurde. Über viele Umwege lernte ich schließlich Computer- und Werbegrafik – ein Ausweg, um wenigstens ein wenig Kreativität ausleben zu können. Mehr schlecht als recht verdiente ich mit diesem Brotberuf meinen Lebensunterhalt, doch in jeder freien Minute malte oder schrieb ich. Zum Glück fand meine Seele einen Ausweg.

Als Engel von Engeln begleitet

Es war im Sommer 2001, als ich in einer tiefen Lebenskrise, die mich beinahe das Leben gekostet hat, das erste Mal bewusst Engeln begegnete. Weihnachten 2001 öffnete sich dann durch und mit den Engeln ein unglaublicher Energiekanal in mir, der seit dieser Zeit immer klarer und größer wird. 2002 fand ich endlich den Mut, langsam die alten, aufgezwungenen Rollen abzulegen und meinen eigenen Weg zu gehen. Ich begann, Engel zu malen, über sie zu schreiben und von ihnen zu erzählen. Immer stärker wurde der Wunsch, mit meiner Spiritualität und Kreativität mein ganzes Leben zu füllen. Seit 2005 bin ich nun freischaffende, staatlich anerkannte Künstlerin. Mein größter Lebenswunsch ist damit in Erfüllung gegangen.

Der nächste Schritt ist für mich nun, der Welt zu zeigen, dass ich als Engel in Menschengestalt auf der Erde bin. Auch dies braucht wieder sehr viel Mut, doch mein Antrieb ist die gebündelte himmlische Kraft in mir, meine Liebe und meine Verbindung zur Quelle allen Seins, aus der auch die Sternentore auf die Welt kommen. Durch die göttliche Quelle empfange ich die Vielfalt der Schöpfung. Sie ist meine Muse, die mich küsst, und meine Klarheit, wenn ich den Menschen helfe. Besonders liegt es mir am Herzen, den Menschen ein Bild ihres persönlichen Schutzengels, ein Meister-Essenz-Bild oder ein Engel-Heiler-Bild zu malen, das sie dann ein Stück auf ihrem Weg durchs Leben mit viel positiver Energie und Liebe begleitet.

Die Welt täglich neu erleben

Den Menschen die Lebensfreude der irdischen und himmlischen Schöpfung zu vermitteln und ihnen damit Hoffnung, einen Sinn und ein Ziel ans Herz zu geben, ist für mich Auftrag und liebevolles Anliegen zugleich. Meine Seele und meine Engelkraft sind immer beteiligt an meinen Prozessen und führen mich kraftvoller durchs Leben, als mein rationaler Verstand es allein könnte. Immer noch erlebe ich mit meinem menschlichen Anteil Höhen und Tiefen, habe meine Themen, denen ich mich liebevoll, manchmal schmerzlich nähere, doch die Engelenergien sind an meiner Seite, um die Erfahrungen bewusster und letztendlich heilsamer sein zu lassen. Mit jeder Erfahrung, die ich selbst mache, kann ich den Menschen wieder ein wenig besser helfen, ihr Leben zu verstehen und zu genießen.

Jeden Tag bin ich aufs Neue glücklich darüber, wie wunderschön es ist, ein Leben mit dem Herzen, allen Sinnen und der Seele zu erleben.